三毛传

田梦 著

山西出版传媒集团
山西人民出版社

图书在版编目（CIP）数据

三毛传 / 田梦著 . —— 太原：山西人民出版社，2019.7
ISBN 978-7-203-10448-3

Ⅰ．①三… Ⅱ．①田… Ⅲ．①三毛（1943—1991）—传记 Ⅳ．①K825.6

中国版本图书馆 CIP 数据核字 (2019) 第 070063 号

三毛传

著　　　者：	田　梦
责任编辑：	傅晓红
复　　　审：	贾　娟
终　　　审：	秦继华
装帧设计：	三形三色

出 版 者：	山西出版传媒集团·山西人民出版社
地　　　址：	太原市建设南路 21 号
邮　　　编：	030012
发行营销：	0351-4922220　4955996　4956039　4922127（传真）
天猫官网：	http://sxrmcbs.tmall.com　电话：0351-4922159
E-mail：	sxskcb@163.com　　发行部
	sxskcb@126.com　　总编室
网　　　址：	www.sxskcb.com

经 销 者：	山西出版传媒集团·山西人民出版社
承 印 厂：	山东新华印务有限责任公司

开　　　本：	710mm×1000mm　1/16
印　　　张：	14.75
字　　　数：	195 千字
印　　　数：	1—5000 册
版　　　次：	2019 年 7 月　第 1 版
印　　　次：	2019 年 7 月　第 1 次印刷
书　　　号：	ISBN 978-7-203-10448-3
定　　　价：	42.00 元

如有印装质量问题请与本社联系调换

序　曲

　　梦想与责任，听起来一个是虚幻，一个是现实。多少人在现实的无奈中忍受着被束缚的滋味，忘记了那个曾经闪烁着耀眼光芒、如今却被压抑在心底的梦。

　　我们将自己埋没在水泥打造的城市里，羡慕着有些人可以来一场说走就走的旅行。然而世界那么大，终究却只能通过网络上的一张张风景图片，去领略那些虽存在于现实中却只能活在梦里的美景。

　　繁忙的工作让休息成了奢侈品，当工作的最终目的只为了活着，那么活着似乎也就变得没有意义。

　　敢于摆脱一切现实的桎梏，义无反顾地奔向梦想中的远方，在荒凉的沙漠中寻找出生活的滋味，也许这就是人们爱上三毛的理由。她活得那样洒脱，那样自我，活着就是为了找寻最纯粹的爱与最自由的快乐，然后心中盛着满满的爱，将快乐写进文字之中。

　　三毛就是为流浪而生，她的一生没有终点，因为她的故乡，在永远也到不了的远方。于是她成了世界上最有梦想的人，朝着远方，一路狂奔。

　　她把自己的一生活成了一个传奇，又戴着谜一样的面纱，风轻云淡地路过每一个人的生命。多少人羡慕她可以酣畅淋漓地享受爱与梦想，就连离去，都无人可以阻挡她自由的脚步。

有人为她的离去扼腕叹息,但有更多的人为她终于找回了自由的灵魂而欢呼庆祝。很少有人能像三毛那样,如此丰富多彩地活过短暂的一生。她在战火中出生,在叛逆中成长,在孤寂与自卑中走进青春,又在文字中重拾自信。

荷西对她的爱,仿佛是前世早已注定,否则她不会在年少时就信誓旦旦地许下诺言,将来要嫁给一个西班牙人。那时,荷西还没有出现在她生命里,遥远的西班牙,对于少女三毛来说不过是一个陌生的国度。然而这就是冥冥中的注定,既如同童话般浪漫,又饱含着命运捉弄的残酷无情。

也许没有荷西的离去,就没有三毛走遍万水千山的旅程。她在孤寂中迈动着流浪的脚步,每一步都是离别的辛酸,却又每一步都充满了对美好的憧憬。

撒哈拉沙漠的上空,永远都回荡着骆驼的悲鸣,因为它们可以听到在遥远的过去,这里曾经留下过一曲关于爱情的歌。

目 录
CONTENTS

童色 | 载一段悠悠华彩岁月光泽
  风儿吹来了愁绪   002
  乱世里的静默故事   006
  用掌心握住流光   010
  灵魂飞在纸面上   014
  刻在眼眸里的乡愁   017

少女 | 投身一个单纯的梦想
  独特的女孩，独特的故事   024
  世界上最大的花园   028
  闪闪发光的演员梦   032
  给你最暖心的保守   036
  误解和痛苦的针芒   041

色彩 | 最沉默的生命力
  一段灰色的孤独记忆   048
  在静默里等待光芒   051
  去做毕加索的另外一个女人   055
  让灵魂在颜色里复活   059
  迎接阳光的艳丽   063

远方 | 去奔赴一场盛大的生命

  东方公主的独特魅力 **070**
  这些年的爱情游历 **073**
  异彩纷呈的马德里 **077**
  遇见痴情男孩 **082**
  分离,只为再次遇见你 **086**

梦乡 | 在撒哈拉收集浪漫时光

  收纳一段珍贵的时光 **092**
  锻造独特的生命奇遇 **096**
  重逢之下的点滴欢喜 **099**
  热情的沙漠,浩瀚的海洋 **105**
  执子之手,和你一起去流浪 **108**

浪漫 | 在浩瀚沙漠的盛大之约

  别具一格的婚礼 **114**
  独特的生财之道 **118**
  悬壶济世的慈悲 **122**
  惊心动魄的荒山之夜 **126**
  心有余悸,生死相依 **130**

点滴 | 刻录撒哈拉的独特记忆

  一起吃苦的欢喜 **136**
  只想和你认真地老去 **140**
  撒哈拉里的文字梦 **144**
  接住我的真诚和拥抱 **148**
  挥别大漠,再次启程 **152**

海岛 | 奔赴一段崭新人生
　　生活扎根在沙滩上　　　　　　　　　158
　　迎接海风，追寻人生　　　　　　　　162
　　去吧，等你回来　　　　　　　　　　167
　　一个永远醒不来的梦　　　　　　　　170
　　海风揉碎了她的苦等　　　　　　　　174

他乡 | 万水千山都是流浪
　　墓草倾听一段爱情　　　　　　　　　180
　　痛苦在静默里山崩　　　　　　　　　184
　　我的故乡在远方　　　　　　　　　　189
　　万水千山寻你身影　　　　　　　　　193
　　欢与痛，已是往生　　　　　　　　　197

梦落 | 滚滚红尘，不枉此生
　　灵魂在文字里飞升　　　　　　　　　202
　　光影交织，人生一梦　　　　　　　　206
　　茫茫人海，竟还是自己的来处　　　　210
　　像风一样离去，追寻幸福的皈依　　　214
　　梦里花落知多少　　　　　　　　　　219

后　记　　　　　　　　　　　　　　　223

三毛年谱　　　　　　　　　　　　　　225

童色｜载一段悠悠华彩岁月光泽

还记得当时年纪小，你爱谈天我爱笑，有一回并肩坐在桃树下，风在林梢鸟儿在叫，我们不知怎样睡着了，梦里花落知多少。

风儿吹来了愁绪

步履轻盈地走过人间，心中携着一抹淡然。一段岁月，装点了灵魂的过往，谁又能坦然承认自己这一世始终无怨无悔？一颗不安分的心，在浓烈的愁绪中忘记了曾经的安静与温婉，于是，在太阳升起之前，她携着一腔炽烈离开人间。

一切都要从三毛降生的那个年代开始说起。1943年，持续了十二年的抗日战争，已经让这个拥有五千年历史的华夏古国千疮百孔。生活在炮火中的人们，眼前弥漫着的永远是遮云蔽日的滚滚浓烟，他们几乎已经忘记了天空本来的颜色，更忘记了生活在阳光之下是多么温暖。

原本安逸的生活，已经失去了太久太久，久到从回忆的缝隙中，也找不到幸福曾经存在过的痕迹。那些在战火中逝去的人，也许反而是一种幸运，至少不用再亲眼看着侵略者的铁蹄恣意地践踏着自己美丽的家园。

然而，有些生命却偏偏选择在这个时候来到世界上。动荡不安的年代，仿佛印证着这个生命的一生终将不会平稳地度过。

不过，这个即将降生的小生命，为自己在连天的炮火中精挑细选了一片世外桃源。早春三月的重庆，正是一年当中最美的季节。薄薄的迷雾朦胧了整座山城，花草树木全部被浸染上一层温润的底色。在这片宛若仙境的美景中，一个充满灵气的小生命即将诞生。

重庆是中华民国在抗日战争时期的陪都，人们不畏蜀道的艰难，纷纷聚拢在这座曾经无比静谧的山城。一时间，滚滚流淌的嘉陵江水仿佛也变得喧嚣起来，一些头脑敏锐的商人，更是抓住时机涌入了这座城市，趁机大捞一笔。

从这时起，重庆城内的歌舞升平几乎超越了繁华的大都市上海，即使到了夜晚，灯红酒绿的街道也仿佛白昼一般明亮。醉生梦死的人们仿佛是将每一天都当作了最后的狂欢，谁也不知道无情的战火是否在下一刻就会蔓延到自己的身边。

似乎永不休止的战争在消耗着人们的耐性，失落、恐惧、郁闷、迷茫……层层叠叠的黑暗如同纠缠不休的恶魔，缠绕着人们的灵魂。为了从战争中得到一刻的喘息，原本生活在浙江的陈嗣庆带着妻子缪进兰和年幼的女儿，与大批知识分子一起，不远千里来到了这片战场中最后的净土。

毕业于东吴大学的陈嗣庆，是一名法律系的高才生，上海女子缪进兰从高中一毕业，就嫁给了正在上海任教的他。婚后的生活，平淡却并不平静。在那个动荡不安的年代，"平静"两个字，已经成为最奢侈的词汇。

来到重庆之后，陈嗣庆一家定居在一个叫作黄桷垭的地方。那里流传着一句歌谣："黄桷垭，黄桷垭，黄桷垭下有个家，生个儿子会打仗，生个女儿写文章。"

陈嗣庆和缪进兰已经有了一个女儿，缪进兰的肚子里，另一个小生命也正在健康地成长。他们不知道这个孩子是否真的会像童谣里说的那样会打仗，或是会写文章，只希望他能平安度过战乱的年代，幸福健康地成长。

无论肚子里的孩子是男是女，陈嗣庆都已经取好了名字。按照家族中的辈分，这一辈的孩子名字中一定有一个"懋"字，他在后面添上一个"平"字，"懋平"就成为这个即将出生的孩子的大名。

战争似乎无孔不入，终究没有任何一片土地能够在战争中获得最后的安稳。重庆街头的士兵变得越来越多、越来越霸道。本来就是逃难而来的百姓，越来越难以生存下去。

如果可以，缪进兰真的不愿意让孩子在这个混乱的时局中出生。然而一切由不得她选择。医生告诉她，孩子很可能在这几天就会出世。可是肚子里的孩子似乎不愿意听到这样的消息，倔强的小生命不愿意来到这个世界。她将自己对这个世界的抗拒之情变成了母亲身上的疼痛，身体已经无比笨重的缪进兰，还要时刻忍受着腹部难忍的疼痛。

缪进兰从越来越剧烈的疼痛中，预感到孩子马上就要出生。她立刻让丈夫去请产婆，笃信基督教的她，口中一遍一遍默念着："主啊，请你广布福音，以主道救世吧……"

每个人的人生都有着正反两面，一面是喜，一面是悲。一个刚刚降生的婴儿，来到这个世界似乎是一件令人无比愉悦的事情，可是生逢乱世，无论如何都是一件值得悲伤的事情。不过，悲喜都在人的一念之间，如果心性淡然，悲喜之间便能从容自如地转换。

一番锥心刺骨的疼痛过后，缪进兰终于感受到腹部忽然变得轻松。已经生过一次孩子的经验告诉她，耳畔传来的响亮啼哭声，证明着这个婴儿一切安好。她带着放心和满足沉沉睡去，这个刚刚降生的粉嫩女婴，马上就被陈嗣庆当作宝贝一样捧在手上。

每一个新生的女婴，都是一朵娇艳欲滴的花蕾。虽然已经有了一个女儿，但丝毫没有冲淡陈嗣庆再次得女的喜悦。

陈嗣庆仿佛欣赏一件艺术品一般欣赏着自己的第二个女儿。他发现，女婴的皮肤并不算白皙，可是一双大大的眼睛里，却盛满了聪慧和灵气。孩子的眉眼之间，带着一丝神秘的气息，仿佛不是一个刚出生的孩子，更像是一个来自异域的小生命。

时间似乎可以改变一切，曾经娇艳欲滴的容颜也会随着时间的流逝变得苍老。然而，这个小生命与生俱来的孤独感，却从未随着时间而减淡。随着年龄不断增长，她心中的这份孤独感，反而愈演愈烈。

无论对这个世界有着怎样的抗拒，她都无法改变自己已经降生的结局。于是，她选择了逃避，逃避整个世界，逃避自己的人生。流浪，成为她人生的代名词，因为骨子里流淌着想要流浪的血液，她才把自己的名字从陈懋平改成了代表流浪的"三毛"。

半生漂泊，从未安定。也许只有从这种居无定所的生活里，她才能找回真正的自己。花花世界的一切都是那样新鲜，可是却无法让三毛感受到一丝一毫的痴迷。如果想让她用一个词语对自己的一生进行总结，想必她一定会轻轻吐出两个字：孤独。

因为害怕孤独，她才从未停止流浪的脚步。流浪的另一层含义是寻找，她想要寻找到一个出口，从那里可以彻底逃离这个孤独的世界。

也许真的是印证了那句"生个女儿写文章"的童谣，从很小的时候开始，三毛就显露出了不同寻常的文学天赋。不过，那时的她，还没有学会写文章，但她十分喜好文学，喜欢读书。

一般的小孩子，之所以读书只不过是被五颜六色的图画吸引，而三毛喜欢读书，完全是因为喜欢书中跌宕起伏的故事。她幼小的情感竟然也会随着书中人物的情绪亦喜亦悲。像《红楼梦》这样的大部头著作，一直都被三毛视作珍宝一般反复品读。

不过，《红楼梦》并不是三毛最喜欢的一本书，她最喜欢的故事书是日本童话《河童》，故事中的孩子可以自己选择是否来到这个世界，如果他们拒绝，母亲就不会让他们出生。

三毛隐隐觉得，如果自己也能选择自己的生命该有多好，如果可以，她一定会果断地拒绝来到这个世界。这里太吵，她的内心无法得到片刻的宁静。然而，童话只是童话，她依然是真实世界中的孩子，在长大之前，依然无力选择自己的人生。

乱世里的静默故事

时光就像沙漏中的沙子，在静默之间缓缓流走。乱世让整个世界都变得残破，然而成长中的点滴片刻，都如同宝藏一般珍贵。

三毛是幸运的，因为经历过祖父那一辈的打拼，陈家即便不算大富大贵，至少也算是一个中产阶级的家庭。

三毛的祖父名叫陈宗绪，他在十四岁时离开家乡浙江，背着几件破旧的衣衫和一床棉被，开始了北上的学徒生涯，也开始了他从学徒成为大富翁的传奇人生。陈宗绪在晚年时终于荣归故里，然而他却并未贪恋自己辛苦一生积攒下的万贯家财。他拿出了几乎全部的积蓄，修建医院、学校，修桥铺路，最终进入一间寺庙，青灯古佛，静度残生。

三毛的童年，是在对祖父的崇拜中度过的。她最喜欢的读物之一就是《陈氏永春堂宗谱》，即便在外漂泊多年，回家之后的第一件事，便是捧起这本宗谱，如获至宝般地阅读。

虽然在战火中出生，三毛却从不知道什么叫作挨饿和贫穷。她不仅不用像穷人家的孩子一样从小就做繁重的家务，并且还有专门的佣人照顾她的日常起居。

在懵懂的年纪里，躺在摇篮中的三毛就经常听着母亲柔声细语地吩咐佣人做事的声音，这样的声音让她感到踏实，她每次都能伴着母亲说话的声音沉沉睡去。

小小的三毛最喜欢让佣人在自己的鞋子上绣上火红的梅花，那一抹鲜艳的红色，总是能让她感到莫名欢喜。虽然绣出来的梅花没有生命，她却仿佛从针线中闻到淡淡的清香。

从出生的那一刻起，三毛就是全家人的宝贝，从父母到姐姐到佣人，每个人看她的目光中都糅杂着温暖的爱意。那个年纪的她，还不懂得人性的复杂，她只能凭借自己的双眼判断，母亲是个美丽的女子；凭自己稚嫩的感情判断，父亲是个温文儒雅的男人。

父亲与母亲的爱，在三毛的周身围绕起了一层温暖的屏障。在这爱的屏障之内，她看不到人世间最黑暗与凄惨的现实，只能看到父母的恩爱和他们对孩子的爱抚。

三毛记忆中的父亲，从来没有对妻子和孩子发过脾气，因为接受过新式的教育，对于新鲜事物，父亲总是可以最快接受，再把这些事物分享给妻子和孩子们。他了解每个孩子的个性，做过教师的他，更是懂得根据孩子的个性因材施教。虽然三毛是个女孩子，可是她却从父亲的身上学会了遇事不急躁和有担当。

三毛的母亲不仅美丽活泼，还有着上海女子特有的高贵与温柔。她不像一般的大家闺秀那样喜静，而是热衷于各种各样的运动。在读书时，学校的篮球场上也经常能见到她的身影。

因为兴趣爱好一致，又同是虔诚的基督教徒，三毛的父母感情极好。他们把毕生的爱都给了子女们，也用新式的教育方式，给他们以人生的启迪。

不过，关于三毛的大名，母亲也曾有过顾虑。虽然"懋平"两个字是按照陈家的族谱排名得来的，可是缪进兰却觉得，这两个字不够女孩儿气，听起来反而有一些男孩子的硬朗。一向尊重妻子的陈嗣庆这一次没有妥协，他坚持把对"和平"的期待寄托在第二个女儿身上。

然而，三毛却觉得自己愧对了这个"平"字。虽然父亲渴望和平的愿望最终得以实现，可她却无法安心在平稳中度过自己的一生。她一生漂泊的足迹，就是与这个"平"字最大的反差。

三毛的星座是白羊座，这个星座的女孩，大多有着热情而又倔强的性格。事实证明，三毛的确倔强得可以，尤其是关于自己的名字方面，父亲拗过了母亲，却没能拗过这个白羊座的女儿。

对于一个小孩子来说，"懋"字的笔画实在太过复杂，小小的三毛无论怎样练习都写不好，于是，她索性自作主张，把这个字省略掉，每次写名字，只写上"陈平"两个字。父亲教了无数次，也"威胁"了无数次，最终还是拗不过对女儿的宠爱，接受了女儿自己改的名字。

幼小的三毛第一次知道，原来只要自己坚持，就可以得到想要的东西；父亲也第一次发现，小小年纪的女孩，性格竟然可以如此倔强。不过，他反而觉得倔强是一件好事，说不定有一天，凭借着这个不肯服输的个性，女儿会大有成就。

在成长的过程中，三毛无数次表现出那种静默不语的孤僻与倔强。她有一个大自己两岁的姐姐，不过，她却仿佛活在自己的世界里，与年龄相仿的姐姐并没有太多共同语言。

她曾经说："老二就像夹心饼干，父母看见的总是上下的那两块，夹在中间的其实更可口，但是不容易受注意，所以常常会蹦出来捣蛋，以求关爱。"

她的确是动不动就能给所有人一次惊吓，仿佛别人的眼光与看法都不能对她造成任何触动，她总是按照自己的意愿生活，或是缄默不语，或是特立独行。好在，她生长的环境给了她足够宽松的空间，无论她做任何事情，只要不太出格，就不会有人出面制止。

其实，不管做什么，三毛从来没有坏心眼，她的内心仿佛有一个声音在指引着她，按照这个声音的指引做出来的事情，有时候就会成为他人眼中的怪癖。

三毛的"怪癖"，是时不时就会显露出来的灵异气息。有时候，配上她那空洞而又无谓的神情，哪怕是最亲的人也会感到毛骨悚然。

这种灵异的气息，时常驱使着三毛去一些独特的场所。小时候，她的家附近有一片坟场，这里的气场与她身上的灵异气息相得益彰，于是，坟场变成了三毛童年时代最喜欢去的玩乐场所。

也许，只有在这里，她才能真正感受到"和平"的意义。躺在坟墓里的人是那样安静，无论三毛怎样奔跑跳跃，哪怕爬到坟头上去玩耍，也不会有人对她呵斥或是制止。

不知是因为天生的感应，还是无知者无惧，第一次来到坟场时，三毛就不曾表现出害怕的神情，她反而喜欢墓碑上那些与众不同的文字。当她的手指触碰到那些墓碑时，一种心灵相通的感觉就会在她的指尖与心灵之间传递。

她就那样忘乎所以地在坟场玩耍了许久，当母亲终于找到她时，天已经黑了下来。看到女儿在坟场里玩耍，母亲几乎惊讶得说不出话。她只能一把拉起三毛的小手，转身带她回家。可是，一路上，三毛的精神依然亢奋，她告诉母亲，那些灵魂和她说话了。母亲的脸被她的话吓得惨白，她赶忙问道："你知道这是什么地方吗？"三毛的回答更让母亲毛骨悚然，她说："我知道，很多死去的人都埋在这里！"

也许正是因为这种天生的灵异气息,长大后的三毛才更加相信星盘和命理。她常说,白羊座的女子拥有掠夺的个性,只要是看中的东西,就喜欢据为己有。

只有三毛这样的女子,才能够感受到灵魂的温度。她在乱世中静默地做着自己,也静默地与那些早已远去的灵魂交流。就连她自己也说不清,为什么在那样小的年纪里,心底就经常流淌着一种叫作忧伤的东西。

用掌心握住流光

只有懂得,才知道一个人的生命里究竟有些什么。婉转的年华里,许多人不过是生命中的匆匆过客,无奈缘分太浅,不能相通的两颗心,无论如何也无法连结在一起。

在太多人眼中,三毛都是个太过独特的孩子,没有人能够读懂她内心究竟在想些什么。于是,大多数时间里,她都是孤独的。

也许是父亲为她取的名字真的应验了美好的寓意,三毛出生之后不久,在中国上空弥漫了十四年的战争硝烟终于缓缓散去。抗战胜利了,人们忽然间看到了希望的曙光。于是,每个城市里,一度安静得仿佛不存在的人们,一下子像沸腾的水一样剧烈地涌动起来。

三毛一家也在这些涌动的人流当中。战争一结束,陈嗣庆就带着全家人离开了山城重庆,来到了千年古都南京。

年幼的三毛没有看到过南京曾经的辉煌与厚重,与重庆相比,本应是大城市的南京反而显得更加萧条。经历了一场惨绝人寰的屠杀,这座城市依然没有从惊恐中恢复过来。它庞大的身躯羸弱无比,看上去是那样让人心疼。

然而南京此刻的孤寂却恰恰符合三毛天生孤独的心境,从斑驳的城墙上,她再一次找到了那种自己最喜欢的气息，这种略显苍凉的气息让她沉迷。她不似一般的孩童喜欢在街巷之间漫无目地地欢快奔跑，而是经常静静地窝在一个角落里默默思考。没有人知道，这个还不足三尺高的小娃娃，能够有什么深沉的心事。

三毛在南京的家，位于鼓楼头条巷四号，这座建筑不是南京城特有的古朴风格，而是一座带有西式风格的宽敞宅院。高大明亮的玻璃窗，代替了用白纸糊着的窗棂。就是在这里，三毛度过了一段忧郁与欢乐交织的时光。

她不是一个合群的孩子，也不喜欢说话，只要她开口，说出来的又总是一些常人难以理解的古怪言语。渐渐地，大人们开始不再关注三毛。这种不被关注，更加滋长了她这种古怪的个性。

那个年代，南京的小孩子最爱玩的游戏就是"打鬼子"。一群孩子会自动分成两队，一队扮演日本鬼子，另一队则扮演抗日的英雄。他们手中拿着或长或短的树枝，假装成手枪或机枪，然后就会伴随着呐喊声，混战在一起。不过，扮演日本鬼子的一队，永远都是要输的，抗日的"英雄们"，一定会把他们摁倒在脚下。

这样热闹的游戏，三毛从不热衷，早已经知道结局的游戏，只能换来她不屑的一笑。也许她幼小的心灵中还不懂得"虚伪"这样的字眼，她只知道，这种并不见血的玩法，有些可笑。

一个年幼的女孩，心中充满对血的向往，不知该用什么样的字眼去形容她当时的心境。每当看到有人家里在宰羊，她就会一脸兴奋地站在旁边默默观看。看着一身洁白的小羊瞬间被鲜血染红了身体，听着它一度剧烈的哀号渐渐变得悄无声息，三毛的眼中没有丝毫的恐惧，脸上反而洋溢着满足的神色。

三毛的古怪行为并不代表残忍，只是因为她过早地萌生出了对死亡的渴望。在她看来，死亡就代表着解脱，就像她从一开始就不愿意来到这个世界一样，只不过，自己当下的生死，暂时还不能由她来掌控。

她总是表现出超乎寻常的冷静，即便是自己的身体受到了伤害，也很少有人见到三毛流下眼泪。一次，三毛骑着脚踏车玩耍，一不留神掉进了一口枯井里。她不仅不哭不闹，反而安静地自己努力爬出了井口。当发现自己的两个膝盖都严重摔伤之后，她却坐在地面上静静地欣赏着自己的伤口。

两个膝盖的伤口极深，甚至隐约可以看到肌肉下面的骨头。三毛觉得这样的画面一点都不可怕，反而美丽得不得了。这是多么难得才能见到的画面，她甚至忍不住兴奋地喃喃自语："烂肉裹的一层油原来就是脂肪。"

这不是她生命中唯一的一次冷静，似乎每当面临困境，甚至生死的边缘，她也总是能不哭不闹地用自己的力量去化解。

因为父母笃信基督教，三毛从小就对基督教里的神有着深深的信仰。有一次，大人们正聚在一起吃饭，向来安静的三毛独自在院子里玩耍。她在玩耍的时候很少发出任何响动，大人们也都习惯了这个安静的孩子，不会给予她太多关注。可是这一次，三毛玩耍的地方却在水缸旁边，一不留神，她就大头朝下栽进了水缸里。缸里面的水盛得满满的，个子不高的三毛，几乎整个身体都泡在水里，只剩下两只小脚在水面上奋力地扑腾。

即便是这样，她依然没有一丝慌乱。她在水中尽量伸直手臂，用力抵住缸底，想把自己支撑起来。可是小孩子的力气毕竟有限，好在大人们听到了她拍打水面的声音，及时赶来把她救了起来。

死里逃生的小家伙不仅没有吓得哇哇大哭，反而长长出了一口气，用小手拍着自己稚嫩的胸脯，淡定地说了一句"感谢耶稣基督"，然后从嘴里吐出一口水来。看到她一本正经的样子，大人们竟然哭笑不得。在死亡面前也丝毫不感到害怕，对于一个孩子来说，不知道是好事还是坏事。

三毛是矛盾的个体，从很小的时候就是。她既喜欢杀羊这样血腥的场面，却又不允许小伙伴轻易捏死一只弱小的蚂蚁，就连长在树上的苹果，她也会关心它们会不会痛。因为这种超乎寻常的个性，三毛并没有太多同龄的朋友，大多数时间，她总是一个人默默地玩耍，说是玩耍，却更像是在默默地思考。也许，从那时开始，她就已经沉迷于与灵魂之间的感应和对话。

三毛身上这种奇特的能量，并不是她的自我标榜。五岁那一年，因为对死亡的感应能力，着实让她父亲大大地吃了一惊。

那一年，父亲带着三毛去机场接一位从日本来的朋友，出于礼貌，三毛本应该主动和长辈打招呼，可是她却一直远远地站在一旁，不愿靠近。在从机场回家的路上，三毛偷偷告诉父亲，说这位从日本来的叔叔家里刚刚死了人。父亲以为是小孩子胡说，让她不要再说话。

可是，在回到家后聊天的过程中，三毛的奇异感应能力得到了印证。父亲的朋友说，他的儿子在几个月前不幸夭折，全家人对此都十分伤心。回想起三毛在路上说的话，陈嗣庆不由得惊出了一身冷汗。

长大之后的三毛，更加相信"玄学"的力量。她始终相信自己的身上有一种预知未来的能力，还曾经预言自己会嫁给一个西班牙人。后来她与荷西的婚姻，也足以证明她的预言是多么准确。

有时候，三毛会突然跑到电话旁边，因为她预感到有人会打来电话。每次当她在电话旁边站定，电话铃声总是会恰到好处地响起。

没人能够解释这种神奇的能力来自哪里，越是这样，越是让人们觉得三毛是一个谜一样的女子。她的身上仿佛有一种魔力，能让人们跟着她的情绪或悲或喜。

也许，三毛早已感知到了自己未来的命运，于是才义无反顾地踏上了流浪的旅程。她的未来早已注定，只不过，她喜欢这个未来，也不愿轻易道破。她的行囊虽少，却并不空荡，因为里面装满了她对玄学的信仰以及对宗教的虔诚。这个在古城长大的少女，也终将成为人们无法触及的梦。

灵魂飞在纸面上

灵魂中的一抹忧郁,无须浓墨重彩,就足够在这个世界上留下一抹孤独的身影。徜徉在纸上的文字,写下一段相遇、一次回眸,每一笔都是对生命最深情的告白,也是给流年最感人的情书。

在不识字的年龄,三毛就开始与书结缘。因为她总是独自站在窗下喃喃自语,有时还会做出一些让人难以理解的动作。只要有人问起,她就告诉对方,自己在举行一场盛大的婚礼。

母亲只是觉得这是小女孩天马行空的幻想,不仅不觉得奇怪,反而觉得可爱。可是,与三毛年龄相仿的姐姐却无法忍受这个古怪的妹妹,她不愿意和三毛玩耍,每次都是随便丢过去几本书,让她自己解闷。

书籍一下子打开了三毛闭锁的灵魂,她第一次发现,书里竟然有比现实世界丰富得多的事情。有些书里的人和她一样,有着不被别人了解的内心。

于是,小小的人儿一头扎进了书籍的海洋。她把自己的欢喜与忧伤都讲给书里的人听,他们不会嘲笑她,反而能与她产生心灵上的共鸣。

来到南京之后,父亲开了一间律师事务所,一家人的生活不仅得到了改善,看重教育的父亲还专门准备了一间宽敞的书房,里面摆满了各种各样的书籍。这里成为三毛最喜欢来的地方。

父亲把这间书房命名为"读心室",寓意书籍可以让人认清心智。三毛在"读心室"里读的第一本书,是一本带图画的小人书。虽然还不认字,可凭借着里面的图画和与生俱来的领悟力,三毛竟然读懂了书中的故事。

这本书就是张乐平的漫画《三毛流浪记》,里面的主人公三毛是个孤独可怜的流浪儿,他在繁华的都市上海受人欺凌,也在无助的时候遇到过许多好心人。懂得苦中作乐的流浪儿，深深吸引着现实中的三毛，她随着书中的故事时悲时喜，仿佛钻进了流浪儿生活的那片天地里。

张乐平的另外一本漫画《三毛从军记》，也是三毛最喜欢的书之一。她用最稚嫩的心灵，体会着书中最残酷的社会现实。于是，当她决定成为一名与文字为伍的流浪作家时，"三毛"就成为最能代表她内心与想法的笔名。

她将自己当作了那个在大上海的流浪儿的化身，两个拥有简单笔画的字，却承载了她一生的浪漫与悲凉。不知她是否曾经预感到这个名字对自己一生的意义，当多年以后，她风尘仆仆地出现在张乐平老先生的面前时，眼中留下的泪和颤抖的语调，分明就是一个离家多年的女儿与父亲重逢时的场景。

一缕温情的光阴，在岁月的素帛上描写出幽幽诗情。金陵城中的女童在渐渐长大，从战火中重生的南京，也再次拥有了一段静谧安稳的岁月。

稍稍长大一些的三毛，渐渐也交了一些朋友。不过，她热衷的游戏，依然不是女孩喜欢的洋娃娃和折纸。她像男孩子一样随性，常常把一根竹竿当作骏马骑在身下，或是爬到高大的树上采桑果吃。

这个年纪的孩子，往往不知道什么叫作害怕。反而是他们跟在鹅群后面奔跑的脚步，吓得鹅群失了方向。三毛的脑袋里，总能发明出奇思妙想的游戏。她就那样不知忧愁地奔跑在南京城的大街小巷，唯一能让人确信她是个女孩子的，只有那一双充满灵性的大眼睛和喜欢收集糖纸的喜好。

花花绿绿的糖纸，总是能让女孩子们爱不释手。可是，收集糖纸，就需要有钱买糖，三毛家的生活条件还不错，却并不代表着小孩子就有花不完的零用钱。

为了收集糖纸，三毛犯下了一个小小的错误。有一天，趁着母亲不注意，她偷偷溜进父母的卧室，从母亲的钱包里偷了五块钱。三毛把五块钱紧紧地攥在手里，心中却没有"得逞"的快感和喜悦。

她知道，五块钱对于当时的一个普通家庭来说，是一个不小的数字，她没办法允许自己拿着偷来的钱恣意挥霍。看到这五块钱，她的内心就会遭受谴责。

这五块钱在三毛的手中整整攥了一天，她始终下不了把钱花掉的决心，一颗幼小的心，仿佛正在滚滚的油锅中经历痛苦的煎熬。最终，她还是没有越过道德的底线，到了晚上，再一次趁着母亲不注意，三毛把五块钱揉成一个小团，偷偷地扔回了父母的卧室里。

即便再喜欢收集糖纸，随着年龄的增长，这也只不过成为一个微不足道的游戏。再有趣的游戏，也有玩腻的一天，唯有读书，成为三毛一生中最大的嗜好。每当在书页中放飞灵魂，她都能感受到一种现实世界无法给予的轻松与惬意。

在识字之前，三毛就已经读完了《格林童话》《苦儿寻母记》《木偶奇遇记》《爱的教育》等一系列童话书籍。在童话中，她可以经历现实世界中永远不会经历的事情，那里有可以一剑杀死恶龙的勇士，也有向往着美好爱情又拥有迷人容貌的人鱼公主。童话故事也会教给三毛许多做人的道理，她从来不敢说谎，因为她害怕一旦撒谎，自己的鼻子就会变得和撒谎的木偶一样长。

就像坚信撒谎鼻子就会变长一样，三毛也坚信着王子和公主只要在一起，就会永远过着幸福的生活。童话的确是最适合儿童的读物，它让人相信美好，懂得浪漫，可是，也会让人沉迷在一个不真实的国度里，永远不愿意清醒。

不过，三毛心中的童话世界，不一定像书中那样绚丽多彩，她向往的童话，是一片毫无污染的纯净。童话中的世界，即便没有迷幻的场景，却一定要有纯洁的人们。他们的眼中没有伤害，只有一抹懵懂和纯真。

因此，当来到广阔无垠的撒哈拉沙漠，三毛才坚信自己找到了童话的世界，她亲爱的丈夫荷西，就是这个世界上拥有最纯净心灵的人。

在去往沙漠之前，三毛也曾经历过人生的低谷，遭受过不可理喻的屈辱。不过，她的心灵却从未被污秽玷污，善良的种子一直被她好好地呵护，于是，当见到那些在贫病中挣扎的沙哈拉威人，她才愿意把精美的糕点分给他们，也愿意用自己掌握的一点医学知识去驱散人们的病痛。

《爱的教育》这本书，给了三毛善良的启蒙。她小小的灵魂在这本书中被洗涤得干干净净，也为她善良的一生奠定下坚固的基石。

每当她在流浪的旅途上感到孤独无助时，这本书就会给她迷茫的灵魂以爱的指引。这些文字在她的心中撒播下爱的种子，多年以后，终将结出一颗颗有爱的果实。

繁华处有神奇，静谧处有旖旎。温暖的阳光照耀着一座宠辱不惊的城，城中的女孩也在阳光下渐渐成长为一名少女。

仅仅是读书，再也不能满足三毛对文字的好奇。她开始尝试着自己动笔，写下一些内心的感受。她从未想过，有朝一日，文字将会成为她的宿命。

她本以为可以在这座厚重的古城里宠辱不惊，历史的车轮却总是在不经意间缓缓前行。有时候，只需一夕之间，整个世界就会变了一个模样。哪怕内心再明媚，也无奈有一片浓重的乌云，严严实实地遮盖在头顶。

一场意料之外的流浪，在猝不及防间拉开了序幕。三毛没有想到，自己刚刚与南京城建立起密不可分的关系，却又要被迫面对分离的结局。

刻在眼眸里的乡愁

离开重庆时，三毛太小，小到早已记不清那个自己第一眼看到的世界究竟是什么模样。不过，因为在南京长大，她早已把南京当作了故乡。也许，她曾经设想过一万次离开南京的原因和方式，却没想到，这一次与南京告别，竟然是因为一场逃离。

一场持续了十四年的抗日战争刚刚结束，内战又打响。原来安稳的生活依然只能是幻想中的事情，漫天的狼烟向人们宣告着这个国家再一次变得动荡。

其实，在三毛关于大陆有限的回忆当中，似乎大多数时间都在打仗。时不时就会打响的战争，已经让她感到麻木，她几乎以为这就是生活本来的样子，直到有一天，她从父母和佣人脸上看到了一种从未见过的忧愁。

那一天，三毛忽然发现父母和佣人们正在紧张地收拾行李，他们手下动作麻利，仿佛随时都准备好了逃离这座生活了几年的房子，而有些佣人则躲在一边偷偷地抹眼泪。眼前这一幕场景，让年幼的三毛感到莫名其妙。

从家人那里得知，这一场战争或许即将结束，未来的变数谁也无法预知。为了确保能够得到安稳的生活，一家人决定离开南京，举家迁往台湾。因为路途遥远，前途未卜，父母只能带走一部分佣人，而偷偷哭泣的那些人，就是不得已留下来的。

迁往台湾，对三毛来说，就意味着将与这座自己喜爱的古城永远作别。不过,对于小孩子来说,对新鲜与未知的向往,永远可以轻易代替离别的愁绪。

南京到台湾，实在是一场太过漫长的旅程。它长得几乎冲淡了三毛对那座未知城市的渴望。一路上看到母亲因为晕船呕吐不止，除了心疼，三毛根本无计可施。于是，她的人生中第一次浮现出对搬家的厌倦，原来搬家并不意味着新鲜的生活，反而意味着痛苦与漂泊。

离开南京之前，三毛从没有感受过缺衣少穿的生活。她对钱毫无概念，因为她生活中需要的一切，全都早已由父母和佣人准备妥帖。她只记得，父亲将家里值钱的东西都换成了一种叫作"金圆券"的纸币，这些在三毛眼中花花绿绿的纸，却有着极高的价值。

然而随着政治形势的变化，这些金圆券却变成了一文不值的纸，有些人甚至把金圆券当成给小孩子的玩具。当三毛一家人到了台湾之后，竟然一下子变成了生活拮据的穷人。并且，这种拮据的生活，一连持续了很多年。

与三毛一家一起来到台湾的，还有伯父一家。两家人住在台北建国北路一个叫作朱厝仑的地方，那是一栋日式的房子，里面放置着代替了床的榻榻米。

孩子们把榻榻米当成了新鲜玩意儿，他们不懂得这一场迁徙背后的含义，更感受不到一路颠簸的劳顿，纷纷脱下鞋子跳到榻榻米上，一面跳还一面大声喊着"解放了，解放了"。他们甚至不知道"解放"的真正意义，可是在那个年代的大人们听来，这绝对是敏感字眼，他们急忙小声告诉孩子们不要乱喊。

在一种被忧郁笼罩的氛围里，两家人在台湾开始了拮据的生活。那些金圆券已经变得一文不值，没有钱，陈嗣庆就无法在短时间内开办一家律师事务所。可是两家的孩子加起来却有八个，无论年龄大小，人总要吃饭穿衣，但这些生活最基本的需求，对于这两家人来说，却成了最难的事情。

三毛并不在意家里的伙食一天不如一天，也不在意如今的住所比原来小上许多，她只是感觉心底萌生出一种莫名的孤独。这种孤独与从前不同，直到长大以后，她才忽然意识到，这种被她当成孤独的情绪，其实是对南京古城的思念。

在南京时，三毛每天的生活总是丰富多彩，可是到了台湾，日子一下子变得没了味道。孩子们每天的生活都在周而复始，似乎连游戏也变得没了乐趣。

台北是个多雨的城市，空气经常湿湿黏黏的。每到下雨的时候，孩子们更是什么都干不了。三毛经常独自坐在屋檐下躲雨，也许是觉得这样的生活实在是太过平淡，三毛忽然朝着向下坠落的雨丝伸出了舌头，渴望能从雨水中品尝出一些让自己欢乐起来的味道。

然而雨水就像白开水一样平淡无味，三毛忽然觉得忧伤。她想念曾经的坟场，多希望那些坟墓里的灵魂能和自己说说话，排解一下自己心头疯狂的思念。

三毛曾说："童年，只有在回忆中显现时，才成就了那份完美。"因为离开了那座喜欢的城市，三毛的童年，似乎也因为思念，而变得丰富完整。她再也无法见到南京街路上的车水马龙，再也见不到鳞次栉比的商铺中热闹的景象。她越来越感觉自己和别的孩子不一样，因为除了她以外，其他的孩子似乎已经都全情投入台北的生活。

不知不觉，三毛已经六岁，母亲再也不能让她像个野孩子一样到处跑。陈家本就是书香门第，到了三毛这个年纪，应该去学校学一些知识了。于是，在母亲的安排下，三毛成为一名小学生。

瘦小的三毛被老师安排在第一排座位上，她那双大眼睛里，流露出聪明与灵气，有时候，还会从她的眼神中看出一些不属于这个年龄的忧郁。三毛从不会大吵大闹，尤其是在学校里，她更是个安安静静的乖孩子。

三毛的姐姐学习成绩很好，总是能够得到父母和老师的夸奖。三毛心中也暗暗希望自己能像姐姐一样经常得到表扬，于是开始拼命地学习，希望用好的成绩，换来哪怕一句小小的鼓励。

在三毛的灵魂中，始终有一个点在闪闪发光，这个发光点就是三毛对文字的驾驭能力。她的文章总是能像大人一样轻松运用那些优美的词汇，老师也总是喜欢将三毛的作文当作范文来阅读。

这一点小小的鼓励，瞬间让三毛信心倍增。她变得开始喜欢上学，每天总是早早起床，希望比别人更早来到学校。老师们也一度把三毛当作一个值得培养的学生。也许是童年时阅读的大量书籍起到了作用，三毛对国文的领悟能力比其他孩子更强。学校发下来的一个学期的国文书，她两三天就能全部读完。遇到别的同学不懂的地方，三毛还会像个小老师一样帮助同学讲解。

上学成了三毛的又一个爱好，除此之外，她的爱好总是那样古怪，例如喜欢看杀羊，又例如喜欢拾荒。

所谓拾荒，就是三毛喜欢将别人不要的东西捡回来。她并不是什么都捡，只有那些在她眼里无比美丽的东西，才会被她带回家，尽管有些东西在别人看来，真的只是一文不值的垃圾。

可是三毛的心中没有"垃圾"这样的字眼，她经常会捡回一些美丽的弹珠，或是别人不要的胸针。每当她把这些捡来的"宝贝"像战利品一样展示在小伙伴的面前时，总是能够听到别人口中发出的赞叹声。

三毛对于拾荒的喜好，源自一次在路上发现了一根不起眼的小树枝。在别人眼中，这根树枝实在再普通不过，可是三毛却能够发现别人无法认识的艺术价值。她把这根树枝当作宝贝一样带回了家。从此，这个拾荒的爱好，伴随了三毛一生。

有时候，三毛也会在读书和拾荒两个爱好之间纠结，想要出去发现一些"宝贝"，可是又忽然想到还有一些喜欢的书要读。不过，任何一个爱好都要比和别人打交道有趣得多。在同学和老师眼里，三毛依然是个有些古怪的孩子。

少女 | 投身一个单纯的梦想

我有一天老了的时候,要动手做一本书,在这本书里,自我童年时代所捡的东西一直到老年的都要写上去……这个一生的拾荒梦,总是有人继承了再做下去。垃圾们知道了,不知会有多么欢喜呢!

独特的女孩，独特的故事

"独特"是个双意词，对于喜欢的人，独特就意味着值得欣赏，对于不喜欢的人，独特则意味着需要被纠正。

三毛就是这样一个独特的女孩子。走在路上时，她从来不像别的孩子那样蹦蹦跳跳，而是喜欢低着头走路。这样的话，就不需要看到走在街上的人们的样子，即便遇到熟人，也可以因为低头没有看到，而不用上前打招呼，也就不会被父母责怪不懂礼貌。

三毛喜欢低头走路的另一个原因，就是可以更容易地发现别人丢弃的物品。每一个捡来的物品，都会在三毛的心里萌生出一个幻想出来的故事。从一个泛着清冷光泽的贝壳身上，三毛可以幻想出它可能是遭遇了主人怎样的遗弃；从一个夹着一根头发的梳子上面，三毛甚至联想到梳子的主人也许已经不在这个世界上。想到此处,她还会为梳子曾经的主人痛心流泪。

也许,心疼这些"垃圾",就代表着三毛渴望有人能够同样地心疼自己。她的一生都在感性中度过,时而勇敢,时而懦弱,敢去保护别人,也渴望有人能保护自己。可惜的是,在遇见荷西之前,懂得三毛的人,从未出现。

一次,在学校里,老师给学生们布置了一篇题为"我的志愿"的作文。在老师看来,志愿,必定是远大的理想,即便学生们不写保家卫国这样无私的志向,至少也会写出类似做医生、法官一类对职业的畅想。

然而,三毛的作文却大大出乎老师的意料。当老师点到她站起来朗读时,她念道:

> 我有一天长大了,希望做一个拾破烂的人,因为这种职业,不但可以呼吸新鲜的空气,同时又可以大街小巷地游走玩耍,一面工作一面游戏,自由快乐得如同天上的飞鸟。更重要的是,人们常常不知不觉地将许多还可以利用的好东西当作垃圾丢掉,拾破烂的人最愉快的时刻就是将这些蒙尘的好东西再度发掘出来……

还没等三毛念完,一个沾满了粉笔灰的黑板擦朝她迎面砸过来。随之而来的是老师已经变了声调的大吼:"什么文章嘛……乱写!乱写!什么拾破烂的,将来要拾破烂,现在书也不必再念,滚出去好了,对不对得起父母?"

老师一面喊,还一面愤怒地拍着桌子。三毛吓得不轻,再也不敢朗读下去了。她虽然不明白自己错在哪里,却隐隐可以感觉到,老师对自己的作文并不满意。既然老师要求重写,她只好乖乖地重新为自己想了一个志愿。

她写道:

> 我有一天长大了,希望做一个夏天卖冰棒、冬天卖烤红薯的街

头小贩，因为这种职业不但可以呼吸新鲜空气，又可以大街小巷地游走玩耍，更重要的是，一面做生意，一面可以顺便看看，沿街的垃圾箱里，有没有被人丢弃的好东西……

其实，三毛心底的志愿，就是可以过上自由的生活。她的志愿无关金钱，无关地位，只想在自由的天地里无拘无束地做自己想做的事情。

可是，这样的"志愿"显然也不能让老师满意。不过，这一次，老师改变了训斥的方式，一句话都没有说，只是在三毛的作文本上，用醒目的红笔画上一个大大的叉。

三毛与这个大大的红叉面面相觑了许久，她的小脑袋费了好大的力气才终于想通，原来老师想要听到的是那些看上去很"漂亮"的志向。于是，她只得违背着自己的内心，在作文纸上写道："我长大要做医生，拯救天下万民。"

老师对三毛的"开窍"满意得不得了，这篇违心的作文不仅获得了"甲等"的成绩，还换来了一句老师表扬的批注："这才是一个有理想、不辜负父母期望的志愿。"

三毛第一次知道，原来在成人的世界里需要违心地活着，做自己想做的事情，还要受到他人异样的目光。老师的夸赞在她听来已经成为一片虚无，一篇违心的作文，即便换来夸奖又能怎样？

三毛心中再次浮现出不被别人理解的无奈，似乎那些被人丢掉的没有生命的物品，反而更能懂得她的心思。想要当医生，不过是老师强加在她身上的志向，在现实的世界里，她依然偏执地做着自己，看到一些废弃的物品，三毛依然能从它们身上发挥出无限的想象力。

只要遇到懂得欣赏的人，垃圾也会变成金子。三毛就是这样一颗还没有被人发现的金子。只不过，此时此刻，就连她自己，也没有意识到即将有一种耀人眼目的光芒，从她瘦弱的身躯里迸发出来。

随着身高不断增长，三毛捡回家的东西也越来越大。起初，她不过是捡一些玻璃球一类的小玩意儿，突然有一天，她竟然把一段庞大的树干拖回了家。这段树干成了三毛最宝贵的收藏品之一，因为她可以从这段树干上闻出一种叫作"自然"的气息，这是三毛终其一生都在追寻的味道。

三毛的心中似乎没有"垃圾"和"破烂"这样的词汇，经常会把某一件并不起眼的物品当成珍贵的艺术品。没有人能够跟得上三毛天马行空的思维，父母索性也就任由她自由发挥想象力，对于她捡拾垃圾的爱好，也从未阻止。

在三毛的家里有一个木头墩，家里的女工经常把它当作凳子来坐。可是忽然有一天，三毛越看越觉得这个木头墩像复活岛上的人脸石像，因此这个木头墩在三毛心中一下子变得神圣起来。她赶忙找来一块空心砖，当作凳子送给了女工，然后小心翼翼地捧着换下来的这个木墩，把它安置在了自己的房间。

每一次拾荒，就像扭开了一颗人生的扭蛋，没有人知道里面藏着什么未知的惊喜。因此，每次捡到好东西，三毛都仿佛开启了一扇通往欢乐的大门。幸运的是，她的父母从未无情地阻断她通往欢乐的道路，反而双双成了欢乐大门的守护者。

虽然父母并不明白这些被三毛当作宝贝的东西都是些什么，但是他们依然替女儿好好地保管。他们甚至向三毛保证，无论把家搬到哪里，都不会丢掉任何一件她的"藏品"。

有时候，父母还会帮三毛留意一些可以捡回来的东西。一次，两个人去海边散步，猜想三毛可能会喜欢海边那些美丽的小石头。于是，他们索性放弃了散步，而是在海边专心致志地寻找起来。一连找了几个小时，才终于找到两颗彩色的石头。开心的父母马上回家把石头送给三毛，三毛仿佛收到了世界上最珍贵的礼物，感动得不得了。

父母的爱，让两颗并不值钱的石头变成了无价之宝，她曾经写下这样的文字：

> 我相信，父母的爱——一生一世的爱，都藏在这两块不说话的石头里给了我。父母和女儿之间，终于在瞬间，在灵性上，做了一次最完整的结合。

三毛曾说：

> 我有一天老了的时候，要动手做一本书。在这本书里，自我童年时代所捡的东西一直到老年的都要写上去，然后我把它包起来，丢在垃圾场里。如果有一天，有另外一个人，捡到了这本书，将它珍藏起来，同时也开始拾垃圾，那么，这个一生的拾荒梦，总是有人继承了再做下去，垃圾们知道了，不知会有多少欢喜呢！

她的确这样做了，那本画册记录着三毛从小到大的拾荒人生，也记录了那些被她视作珍宝的收藏品。不过，没有人知道她是否真的把这本画册丢进垃圾场，更不知道是否有一个懂她的人，在垃圾场中将这本画册轻轻拾起。

世界上最大的花园

人生需要鲜花与美景，否则只能麻木与枯燥地活着。书籍就是世界上最大的花园，里面包含着各种各样的景色，一切的猎奇与未知在这座花园里都可以得到满足。

　　徜徉在书海，三毛仿佛找到了比拾荒更有乐趣的事情。因为书籍之中隐藏的宝藏，比那些捡来的物品更加宝贵，与文字对话，从不需要掩饰自己的内心所想，写书的人，也会在文字中尽情吐露自己的心声。与书籍的交流，比人与人之间的交流简单太多，于是，每当一头扎进书里，三毛就仿佛进入了梦幻的天堂，久久不愿返回人间。

　　读书本身似乎就是一种补充能量的过程，因此，只要是读书，三毛就从不会感到疲倦。为了读书，她可以放弃与小伙伴一同出去玩的机会。因为读书不用迁就别人的感受，这样一来，与小伙伴玩耍反而变成了比较麻烦的事情。

　　三毛读书的速度很快，家里收藏的那些书，渐渐被她全部读完。而学校发下来的国文课本，与家中的藏书相比，必然浅显了很多，读着读着，也就失去了兴趣。

　　于是，三毛便开始每天期盼着姐姐订阅的《学友》和《东方少年》早一点送来，只要姐姐看完，三毛就会迫不及待地借来看。这两本杂志的内容十分适合三毛的年纪，有些地方如果看不懂，她就会去请教姐姐。

　　每当捧起一本书，三毛的眼中都会绽放出彩色的光芒。因为几乎每一本书都有花花绿绿的封面，这些颜色映衬在眼中，便形成了一种令人痴迷的色彩。

　　也许三毛对于画画的兴趣，就是从读书间产生的。从一本本书的封面上，她渐渐开始领悟绘画的魅力。她尤其喜欢一些带有复古韵味的书籍，喜欢用线装订好的古装书。因为喜爱，所以珍惜。为了让这些美丽的封面不遭到损害，只要一本新书到手，三毛就会捧在手中好好欣赏。欣赏过后，再央求母亲为新书包上书皮，她就坐在一旁静静观看，仿佛在欣赏一部充满艺术气息的电影。

姐姐订阅的两本杂志很快就能看完,在等待下次杂志送来的间隙,三毛又开始无书可读。于是,她又把视线转移到了堂哥堂姐的身上,他们家里也有各种各样的藏书。小小的年纪,三毛就开始了四处借书读的日子。

一次,三毛想要问堂哥借鲁迅先生的《风筝》,起初堂哥还有些小瞧她,觉得她小小的年纪,不可能读懂这些深奥的内容。于是,堂哥给三毛出了一个题目,那就是要向他讲述读书后的感受。

对于三毛来说,这样的问题根本不算刁难。这本书读完之后,她对堂哥说:"这个孩子玩耍的天性,完全地被他的大哥摧毁了。本是质朴合适的事情,却被留下阴影,也许这个孩子的一生都因此而毁掉了。"

这一番话让堂哥吃惊不小,他再也不敢小瞧这个堂妹,从此以后,每当三毛想要借书,他都会十分痛快地借给她。

三毛看书还有一个好习惯,那就是对书本十分珍惜。每次读完都会准时归还,并且还回来的书全都完好无损。

书籍仿佛是三毛前世的情人,只有见到书,她的嘴角才会不自觉地上扬。也只有在见到书的时候,大人们才不会觉得这个古怪的少女只会做出一副忧郁的表情。

在三毛新家的附近,有一间租书的店铺,店老板是个很好的人。他不仅喜欢读书,还会把好书推荐给三毛。一本书的租金很便宜,一毛钱就可以读上好几天。每次从租书店回来,三毛总是捧着书直接回到卧室,把门紧紧地关上,隔绝外面的世界,让自己完全沉浸在书中的故事里。

对于三毛这个年龄的孩子来说,像《基督山伯爵》《三剑客》《简·爱》《堂吉诃德》《傲慢与偏见》《乱世佳人》这样的大部头著作,未免显得过于深奥。不过,她却很愿意从深奥的文字中,发现成人世界里那些深刻的道理。有些道理虽然她还不能完全理解,但至少她可以从这些文字中,幻想自己长大以后的样子。

文字就是最美的景色，有书可读的日子，三毛全然不顾今夕是何夕。在当时能够找到的外国名著几乎已经被她读了个遍，于是，她开始回过头来读中国的经典名著。

三毛读书的种类很杂，只要是吸引人的文字，她不会在乎究竟是什么题材。虽然是女孩子，可她对武侠著作也有着极深的情结，武侠小说《风萧萧》，就是三毛读过的第一本武侠小说。

读的大著作多了，小学生的国文课本就变得越来越没有意思。正巧这时三毛的班级换了国文老师，因为三毛总在老师的面前抱怨课本太简单，新来的国文老师十分不喜欢这个"自大"的女孩。

三毛的心中从来都是一片纯净，即便成年以后，也从未有过哪怕最简单的人情世故。小小年纪的她，在老师面前说的都是自己的真实感受，然而成人偏偏喜欢用自己复杂的内心去误解孩子纯真的情感。这个新来的国文老师，对三毛的态度十分不好。

所幸三毛从不在意别人对自己的看法，以她对读书的痴迷程度，也完全顾不上别人的眼神和口气中有什么异样。她总是把自己关在房间里读书，连窗帘也一并拉上。看到她痴迷的样子，父亲不禁有些担心。

有书可读，三毛对于周边的世界就可以浑然不在意。才十来岁的年纪，竟然可以通读《红楼梦》这样的名著。并且，哪怕是身在课堂，她也可以跟着书中的文字进入一个"花谢花飞花满天"的世界。

一次，三毛在课堂上正好读到第一百二十回："甄士隐详说太虚情　贾雨村归结红楼梦"，三毛一下子就被书中的描写深深吸引住了，她在日后的回忆中描写道：

  当我初念到宝玉失踪，贾政泊舟在客地，当时，天下着茫茫的大雪，贾政写家书，正想到宝玉，突然见到岸边雪地上一个披猩猩大红氅、光着头、赤着脚的人向他倒身大拜下去，贾政连忙站起来要回礼，再一看，那人双手合十，面上似悲似喜，不正是宝玉吗，这时候突然上来了一僧一道，挟着宝玉高歌而去——

"我所居兮，青埂之峰；我所游兮，鸿蒙太空；谁与我逝兮，吾谁与从？渺渺茫茫兮，归彼大荒！"

当我看完这一段时，我抬起头来，愣愣地望着前方同学的背，我呆在那儿，忘了身在何处，心里的滋味，已不是流泪和感动所能形容，我痴痴地坐着，痴痴地听着，好似老师在很远的地方叫我的名字，可是我竟没有回答她。

三毛的脸上早已被眼泪沾湿，她的心也早已随同披着猩红大氅的宝玉进入了太虚幻境。苍茫的雪地上，一个遁入空门的似悲似喜的人，他曾经那样天真烂漫，那样清澈干净，然而一场变故却仿佛一夜骤雪侵袭了整座贾家门庭，物是人非，万籁俱寂，宝玉的心一定已经麻木苍凉，空空如也。

想到这里，三毛忍不住对宝玉一阵心疼。老师根本不知道三毛出了什么事，看到她的样子，又不敢责怪，只能上前摸摸她的额头，问她是不是生病了。

从那时起，三毛在读书时便喜欢把自己带入书中的情节，深入其中去领悟文字的灵魂。她甚至早早地许下了一生的愿望，希望自己一辈子都能够在书中度过。

闪闪发光的演员梦

人的一生，究竟能路过一些怎样的风景？是否会看到艳丽的晚霞，又是否能看到盛开的繁花，还是只能看到一场涂满了五颜六色却最终只是虚无的梦？

刚刚进入小学读书的三毛，正处于一个爱做梦的年纪。她的一生都喜欢与自然为伴，六岁的时候，恰好是这份向往自然的情怀的开始。

学校可以激发出一个孩子对于未来的志向，可是对于像三毛这样喜欢天马行空无拘无束的孩子，学校，无疑成了一个更像监牢的地方。这里关住了她的自由，也关住了她的童真。郁郁葱葱的大自然就近在咫尺，因为一道校门的阻隔，却变得触不可及。

很多时候，三毛的人坐在课堂上，灵魂却已经飞到了大街小巷和树林中间。她在幻想中捡拾到心爱的"宝藏"，也在幻想中沿着河畔愉快地奔跑。对于学校仅有的那一点点好奇心，终于在重复枯燥的课堂上被消磨殆尽。

她越来越不喜欢课堂上讲的内容，因为这些内容与她原来的设想大相径庭。她本以为老师应该是满腹经纶、无所不知的白胡子老先生，更以为这位老先生会带着学生们在《梁山伯与祝英台》《红楼梦》《欧也妮·葛朗台》这样的故事里尽情徜徉。

然而，一切现实都让她大失所望，老师讲的这些内容，自己早已经牢记于心，因为已经学过，上课也就变得不再那么有吸引力。

从三毛对课堂失去兴趣的那一刻开始，任何一个小小的事物都能轻易分散她对课堂的注意力。她经常把涣散的目光投向窗外随风摇摆的小花小草，最终再把视线聚焦于花朵上停留的蝴蝶。当蝴蝶张开翅膀，三毛的视线也随着美丽的蝴蝶翩翩飞舞。

对大自然的渴望，让三毛第一次萌生出逃学的念头。这个念头是那样强烈，让她忘记了可能会遭受的责骂，也忘记了对惩罚的恐惧。于是，她自作主张地没有去学校上学，离开了那个令人窒息的环境，她终于又呼吸到了自由的空气。

只要不去学校，似乎去哪里都可以。哪怕只是漫无目的地在树荫下坐一坐，看漫天的柳絮在金色的暖阳下飞舞，她都会觉得岁月是如此静好。她的思绪又开始天马行空地幻想，幻想自己是一位美丽的小公主，来到一座陌生的花园，去寻找注定与她相爱一生的王子。

不过，她也不知道王子将会以什么样的形象出现在她的面前，可能会是一棵参天大树，也可能是在池塘中跳跃的青蛙，一切只能靠她自己的力量去寻找。

沉浸在如此美妙的幻想里，三毛再也不愿意回到枯燥无味的课堂。她甚至幻想着找到一株神奇的植物，它的能量就是让自己永远也不用再回到课堂。

这一次小小的逃离，并没有为三毛带来太大的"灾难"。然而，一旦呼吸到自由的空气，校园内的空气就变得那样令人窒息。只要一踏入校园，三毛就觉得身体的一切零件都不再受自己的支配，就连思维与意识都要受到别人的控制。这样的感觉让她感到害怕，因为她觉得如今的自己，像极了当年那只待宰的羔羊。

在这样一个完全阻隔了大自然的环境里，三毛痛苦地度过了三年时光。读三年级的三毛已经九岁，这样年纪的女孩虽然对美丽还没有着强烈的渴求，可是整天看到的都是留着统一西瓜头，穿着统一校服的同学，三毛越来越渴望重新回到那片无拘无束、色彩缤纷的世界里。

小学的经历，曾在三毛的人生中涂抹下灰暗的一笔。只要回想起那段时光，她的心头就会浮现出一种苦涩的情绪。对于这段并不美好的回忆，她也不愿意太多提及。

学校不仅束缚着学生们的灵魂，甚至还折磨着学生们的肉体。那是一个崇尚体罚的年代，老师们天真地以为，只要是对学生进行身体上的惩罚，他们就会按照老师的意愿，朝一个更加健康的方向生长。

于是，体罚学生成了学校的家常便饭。三毛清楚地记得，班级里的一个男同学不知道因为什么，被老师恶狠狠地叫到了讲台上。一下又一下的鞭子狠狠地落在那名男同学的手上，他疼得已经失去叫喊的力气。当惩罚结束，那名男同学的手已被打得肿了老高。

这个过程中，三毛一直瞪大了恐惧的双眼，她是那样同情那名男同学，可她并不敢站出来替他说情，因为她害怕那无情的鞭子会落在自己的身上。

逃离的愿望越发强烈，三毛甚至不能理解其他同学是怎样能够安心坐在课堂上听讲的。在多年以后，三毛用文字讽刺了那段黑暗的人生："一群几近半盲的瞎子，伸着手在幽暗中摸索，摸一些并不知名的东西……"

在枯燥的生活中，三毛开始为自己编织一些对美丽的向往。她开始期盼着让自己赶快活到二十岁，到那时就可以像年轻的女老师那样穿着薄薄的丝袜，把大腿包裹出美丽而又性感的线条。这样幻想着，日子似乎变得渐渐滋润而饱满了起来。

然而，距离二十岁，三毛还有十年的路要走。穿丝袜的梦似乎是那样遥不可及，不过，一场做演员的梦却近在咫尺，马上就能实现。

四年级时，三毛的学校准备排演一场话剧，在为六年级毕业生举行的欢送会上表演，三毛幸运地成为话剧中的演员之一。不过，以老师对三毛的态度，她自然与主角无缘，她获得的角色不过是一个没有台词的小配角，连名字都没有，只有一个代号"匪兵乙"。

三毛没想到，这一次排演话剧，竟然让她在无意中邂逅了一场"爱情"。少女的爱情，最多可以称之为懵懂的好感。三毛在话剧中遇到了一个与众不同的男孩子，正是这份与众不同，让三毛将他的形象深深地烙印在记忆深处，久久都不能忘怀。

之所以说他特别，是因为他不像其他同学那样留着蘑菇头，而是顶着一个光光的脑袋。他仿佛就是叛逆的代名词，一下子让其他的男生都显得黯然失色。三毛的心中仿佛有无数只蚂蚁在悄悄地啃噬，这种感受，说不出究竟是疼还是痒。

直到几十年后,三毛依然可以清晰地描述出那个男生的形象:

> 只记得他顶着一个凸凸凹凹的大光头,显然是仔仔细细被剃头刀剃得发亮的头颅。布幔后的他,总也有一圈淡青色的微光在顶上时隐时现……

直到整场话剧演完,三毛也没有勇气主动去和这个男生说话。她甚至不知道他的名字,因为她的角色是"匪兵乙",三毛就偷偷地在心中称呼他为"匪兵甲"。

不知道这是不是可以称之为三毛的初恋,用她的话说,这却是一场"苦恋"。因为"匪兵甲"根本不知道"匪兵乙"的存在,虽然"有一种神秘而又朦胧的喜悦"充斥着三毛的内心,可是她却永远只敢躲在不起眼的角落,遥远地为"匪兵甲"送去关注的目光。

她甚至幻想着有朝一日可以成为"匪兵甲"的妻子,可是直到小学毕业,这个"匪兵甲"都不曾真正地出现在三毛的生命当中。毕业那天,是三毛有生以来最痛苦的一天,因为从那一天起,她将再也见不到心念的"匪兵甲",这也是她人生中第一次体会到失恋的滋味。

给你最暖心的保守

爱情并不是人世间唯一温暖的感情,对于一个孤独的人来说,友情甚至比爱情更加可贵。

在感情方面,三毛似乎是一个早熟的女孩子,她曾经希望"匪兵甲"就是那个懂得爱、更懂得自己的男孩子,于是,她单方面为"匪兵甲"赋予了专情的个性，也会在脑海里幻想两人之间浪漫的情节，却忘了给这段"恋情"创造一个开始。

值得欣慰的是，一段友情恰到好处地给了三毛精神上的补偿，可惜因为她的胆怯，这个朋友在她躲避的目光中受到了伤害。

与这个朋友相识的那一年，三毛已经是一名四年级的小学生。这位朋友是借学校地盘驻军的一名炊兵，他的年龄比三毛大许多，却不会说话。失语的成年炊兵与小学生三毛，在机缘巧合下成为忘年交。

两个人相识的起源仿佛一场戏剧。那一天，刚巧轮到三毛做值日，她的手里拎着刚打来的开水，打算穿过操场回到教室。可是一头不知道从哪里来的疯牛突然出现在操场上，似乎是有人惹怒了它，它的双眼通红，鼻子里喘着粗气，在操场上疯狂地转圈。

正在这时，三毛出现在疯牛的视线当中。它马上把三毛当出气的对象，迈开四蹄朝着她冲了过来。

求生的本能让三毛撒腿就跑，开水壶被她重重地扔在了地上，溅出来的开水烫伤了她的皮肤。可她却丝毫顾不上检查自己的伤口，只能没命地向相反的方向逃跑。

可是操场只有这么大，跑上一会儿就到了头。三毛急中生智地开始绕着操场跑圈子，那头疯牛就绕着圈地追在她的后面。日后回忆起来，三毛觉得当时的自己就像舞台上的小丑。

三毛一面跑，一面留意有哪一个班级的门开着，至少可以让自己跑进去躲一躲。可是其他的同学也被疯牛吓得不轻，每一扇门都关得紧紧的，生怕疯牛跑进去。又好奇又害怕的学生们全都挤在班级的窗户旁边，隔着玻璃看着奔跑的三毛和疯牛，嘴里发出惊叹的声音。

有一种被整个世界抛弃了的感觉瞬间袭上了三毛的心头。她是那样害怕与无助，却没有任何一个人对自己伸出援手。她的双腿已经失去了奔跑的力气，可是出于求生的本能，依然奋力地向前奔跑。

忽然，三毛眼前出现了一个转角，她马上跑到那里躲了起来。直到这一刻，她才意识到被烫伤的地方在发出阵阵刺痛。她的双腿再也没有支撑起自己的力气，一下子瘫倒在了地上。

害怕、委屈、屈辱、无力……种种情绪瞬间填满了三毛小小的心脏。在与疯牛"赛跑"的整个过程中，她的精神高度紧张，忘记了哭泣，此刻放松下来，眼泪瞬间涌出眼眶。尤其是看到自己甚至跑丢了一只鞋，三毛更加伤心地大哭起来。

好在清晨出操的驻军回来了，他们很快就把疯牛赶出了校园。可是三毛却依然不敢离开藏身的地方回到教室。她并不是害怕疯牛还会跑回来，而是担心自己没有完成值日，会被老师记名字。

就在三毛迷茫和无助的当口，她的面前出现了一双粗糙的大手，那双手上正拿着刚刚被自己扔掉的水壶和跑丢的鞋子。

三毛沿着这双手的方向向上看去，一张沧桑的脸孔正在向她憨厚地微笑。三毛依稀记得，这个人也是在学校的一名驻军，后来才知道，原来他是个哑巴。他温柔地帮三毛擦去脸上的泪水。看着他温柔的动作，三毛的心头忽然弥漫出一种温暖的感觉。

从此以后，三毛与哑巴就成为忘年的好友。因为哑巴不会说话，在部队里总是遭到其他士兵的欺负，而孤独的三毛也几乎没有什么朋友。两个寂寞的灵魂找到了彼此安慰的伙伴，三毛发现，与哑巴在一起的日子，变得轻松愉快起来。

三毛问哑巴是什么兵种，哑巴拿起树枝，在地面上写下"吹兵"两个字。三毛并没有意识到哑巴写了一个错别字，反而惊讶还有如此奇怪的兵种。

哑巴会写的字不多，不过聪明的三毛依然可以想出许多沟通的方式。除了写字，两个人还可以打手势，或者画画，总之，语言没有成为两人之间的交流障碍，一大一小两个人的友情在与日俱增。

从此以后，三毛成为哑巴的小老师。当发现哑巴的兵种应该是"炊兵"之后，她便开始教哑巴"炊"和"吹"的区别。哑巴有些恍然大悟，又有些懊恼，于是拿起树枝，写下了一个"茶"字。

聪明的三毛知道，哑巴又写了一个错别字，他一定是想说自己"笨"。三毛一面纠正哑巴的错误，一面嘻嘻哈哈地开着玩笑。校园里留下了这对忘年交许多的欢声笑语，三毛最喜欢的事情，是听哑巴"讲"故事。

哑巴一面在地上画画，一面配合着打手势，向三毛讲述自己的经历。他的家乡在四川，曾经是个安分种田的农民。他从未想过自己的生活会与战争搞在一起，他在家乡娶了妻子，并且马上就要有属于自己的孩子。

一天，哑巴出门去给马上就要临盆的妻子买药，可是在买药途中却被军队抓了壮丁，从此再也没有回过家，也从来没有见过自己的孩子。他觉得，如果他的孩子是女孩，也该像三毛这般大，说不定模样也会相似。

也许，哑巴更喜欢把自己当成三毛的父亲。他经常站在校门口等三毛上学，只要三毛小小的身影出现在面前，他就会接过三毛的书包，一直把她送到教室门口。

三毛下课时，哑巴也喜欢陪着她一起玩耍。三毛玩跷跷板，哑巴就会用那双粗糙的手轻轻压住另一头，看着她一上一下的小身影，陪着她欢快地笑。虽然哑巴的双手看上去粗糙，却十分灵巧。他经常会用芭蕉叶子给三毛做一些小礼物，三毛最喜欢这些并不值钱却饱含心意的礼物。在做这些小礼物时，哑巴将自己全部的父爱都寄托在了礼物之中。

不过，三毛也曾收到过哑巴送来的一份贵重的礼物。那一次，哑巴神秘兮兮地把三毛叫到一边，摊开的手掌上，放着一个闪闪发光的金戒指。三毛虽然从来没有见过金子，但她一看就知道这个东西一定十分昂贵。她没想到，哑巴竟然把金戒指递到她的面前，要送给她。三毛不敢接受这份礼物，吓得把双手紧紧地背在了身后。

看到三毛不敢接受自己的礼物，哑巴着急地在地上写下送礼物的理由。原来，部队很快就要撤离，哑巴也要随部队离开，他想把这个戒指留给三毛当作纪念。三毛依然不敢接受，又不知怎样拒绝，只好扭头跑开，只留下哑巴孤独而茫然的身影。

一份纯洁的友情，却被那些思想复杂的成年人投入了杂质。三毛的老师认为哑巴接近三毛一定是别有用心，明令禁止三毛再与哑巴接触。如果她不听话，就会挨打，还会被记大过。老师的恐吓起了作用，三毛果然再也不敢接近哑巴。

哑巴不明白三毛为什么突然开始疏远自己，他想找回从前愉快的日子，可是害怕三毛反感，因而不敢靠近。一次，又是三毛做值日，哑巴忍不住跑去帮她拎水壶。临近教室的时候，哑巴蹲在地上画了十几个问号，想问三毛为什么突然不理自己。

看着哑巴红红的眼睛，三毛实在不敢说出是老师不让她与哑巴接触。她只能含着眼泪摇着头，大声说着"不是我"，然后再一次转身跑开。

直到部队撤离的那一天，三毛依然不敢与哑巴重续友情。可是，哑巴却一直焦急地寻找三毛的身影，当终于找到她之后，哑巴把一个纸包郑重地放到了三毛的手中。里面装着一大包三毛爱吃的牛肉干，还有一张写着哑巴地址的纸条。哑巴没有办法亲口说一声再见，只能举起右手，对着三毛敬了一个郑重的军礼。

看着哑巴远去的身影，三毛的心中有着万般不舍。可是，还没等她缓过神来，手中的纸包就被老师一把抢走，那张写着地址的字条被老师撕得粉碎，牛肉干也散落一地。

多年以后，回想起哑巴转身离去的孤独身影，三毛多想再见他一面，问他是否回到了家乡,他的家人是否一切安好,他是否还愿意亲手用芭蕉叶为自己做一份小礼物。

然而,她与哑巴唯一的联系方式,已经在老师的手中变成了碎片,三毛只能将自己的怀念与愧疚写在《吹兵》一文中:

> 那是今生第一次负人的开始,而这件伤人的事情,积压在内心一生,每每想起,总是难以释然,深责自己当时的懦弱,而且悲不自禁……亲爱的哑巴"吹兵",这一生,我没有忘记过你……请求给我一封信,好叫我买一大包牛肉干和一个金戒指送给你可不可以?

误解和痛苦的针芒

年华飞逝,几十年的光阴仿佛一个昼夜般短暂,当再次回首,才发现那些曾经的过往早已经回不去。

哑巴的离开,让三毛幼小的心灵再一次重回孤寂。可是,享受到了友情的温馨,三毛也对交朋友产生了隐隐的渴望。她开始尝试着向同龄的孩子敞开心扉,三毛惊喜地发现,原来主动与别人接近,也可以收获一份纯真的友情。

友谊的闸门一旦打开,友情便如同洪水般向三毛倾泻而出。她一下子从独来独往,变成了好友成群。她最好的朋友是同班的六个女同学,七个女孩子凑在一起,还为这个小小的同盟取了个名字叫"七姐妹"。

十来岁的女孩子,已经知道了男生与女生之间的差别,有些早熟的女孩子,已经开始有了心仪的男生。于是,女孩子们凑在一起的话题,总是与男孩子有关。班里的每个男孩子都能成为"七姐妹"的谈资。在品评男孩子的过程中，七个女孩子的感情也在不断升温。

有些女孩子的身体已经随着年龄的增长发生了变化，有时候，七个女孩子也会聚在一起偷偷讨论与性有关的话题。不过，她们对于性的了解毕竟懵懂，甚至认为只要和男孩子牵手就会怀孕，如果亲吻，就会死掉。

自从有了这些错误的见解，女孩子们再也不肯按照老师的要求，和男孩子手拉手排队走路。尤其是当学校组织踏青郊游的时候，一旦老师要求男女生牵手，几个女孩子就会害羞地跑开。

这些可笑的歪理却被女孩子们当成真理一样深信不疑。在"七姐妹"中，三毛读书最多，遇事也最冷静，每当女孩子们凑在一起谈论某些话题的时候，三毛的发言与见解总是让姐妹们钦佩不已。于是，女孩子们把三毛当成了小团体的领袖。正式走马上任的三毛觉得，应该为小姐妹们安排一场正式的团体活动。

"刺激"和"冒险"，是三毛为这场活动定下的主题。与几个小姐妹商量之后，三毛决定，约七个男孩子出来，与"七姐妹"一同看电影。隔壁班的七个男孩子成为她们的目标。在当时的台湾，几乎还没有哪个女孩子敢约男孩子出来看电影。

七个男生很快就同意了女生们的邀约，不过，一想到即将到来的"约会"，十四个学生都难免有些害羞。女孩子们全都好好地打扮了一番，到了约会的时间，七个男孩子早早地就到达了事先约好的地点。

因为害羞，女孩子们根本不敢和男孩子并肩走在一起，于是，马路上出现了好笑而又可爱的画面——七个男孩子走在前面，七个女孩子低着头远远地在后面跟随。到了电影院，他们甚至不敢买挨在一起的电影票，男生和女生之间的距离，差不多隔了半个电影院那么远。

虽然这是一次普通得不能再普通的联谊活动，但却成为少年时代一份青涩而美好的回忆。一同看电影的七个男孩子，没有任何一个人与三毛日后的生活产生交集，多年以后回忆起来，七个男孩子的样貌都似乎有些模糊。

人生是一条单行道，太多的喜怒哀乐都在这条单行道上恣意蔓延。在成长过程中，三毛似乎对每一种情绪都比其他人体会得更加深刻。少女时代的月经初潮，她早已从书中看到过相关的知识，因此也早已做好了心理准备。当看到那一抹殷红，她没有像一般的女孩子那样担心自己"快死了"，而是淡定地找到早已准备好的棉布，妥善地处理好之后，才淡定地告诉母亲自己长大了。

可是，有些经历，却不像月经初潮那样可以提前做好准备，那些猝不及防到来的伤害，往往能让人的内心感到加倍疼痛。

像三毛这样的传奇人物，也许注定要经历一段坎坷和灰暗的少女时代，这段经历痛苦到不忍回想，却又偏偏永世难忘。

十二岁时，三毛考入了台北第一女子中学。能够考进这所学校，无论对于三毛还是家人，都是一件值得骄傲的事情。然而，那个年代的学校，从教学制度到教学方式，都刻板得枯燥而又乏味。三毛是个随性的女子，对于喜欢的学科便全情投入，不喜欢的学科则碰也不碰。于是，刚刚进入初中，三毛就成为一个严重偏科的学生。她喜欢读书和写作，文科成绩自然不错，可是在理科老师眼里，三毛的问题不容小觑。

三毛发现，原来初中的课程与小学完全不同。小学时虽然经常逃课，可是她的学习成绩依然名列前茅，到了初中，一切都变了样子。

她的感情丰富而又细腻，对于文字有着天生的领悟力。可是那些烦琐而枯燥的数学公式，无论如何都引不起她的兴趣。初中一年级时，三毛还能凭借着一股聪明劲勉强应付，但到了初中二年级，她的数学成绩开始拖了后腿。每次考试不仅都不及格，甚至连五十分都达不到。

三毛固执地认为，不是自己学不好，而是不愿学。只要是做数学题，她就逃避得远远的，宁愿拿起读了无数次的书来读，也不愿意对着那些密密麻麻的数字和符号。

在老师看来，三毛的数学成绩就是对他教学水平的一种挑衅。他把三毛当成了智商低下的问题少女，甚至用言语羞辱三毛是"猪"。

三毛的自尊心无法忍受这样侮辱性的字眼，为了让老师改变对自己的看法，她决定发奋努力，考出个好成绩给老师看看。

三毛的聪明劲再次发挥了作用，她虽然不是一个数学方面的天才，可是她也发现，老师在考卷上出的题目，全部来自课后的习题。于是，她用背课文的方法，背下了每一道课后习题的解题步骤，一连几次的数学考试，三毛都得到了满分。

前后的落差让老师不敢相信，不过，他却偏偏不愿意往好的方面去想。老师不认为这是三毛努力的成果，反而认为她一定是因为作弊才考了满分。

面对老师的质问，三毛感到自己的自尊心再一次受到了伤害。她那双大大的眼睛里没有委屈和泪水，而是燃烧着熊熊的怒火。她告诉老师，即使是学生，也不可以遭受这样的羞辱。为了证明自己没有作弊，她主动提出可以进行一场单独的考试。

然而，单纯的三毛没有想到，成人的世界充满了狡诈与阴险，即便是老师，也会做出一些令人不齿的事情。他为了让三毛承认自己作弊，竟然将试题全部改成三毛从来都没有见过的方程式。

看到通篇都是没有学过的内容，三毛自然不知道从何处下手。直到考试时间结束，她的试卷上依然空空如也。三毛只能无奈地交了白卷，她的考试成绩也从原来的满分变成了一个大大的零分。

数学老师的心中，弥漫着近乎变态的喜悦。他羞辱三毛的目的已经达到，却似乎依然意犹未尽。于是，他当着全班同学的面，把三毛叫到跟前，在地上用粉笔画了一个圆圈，让三毛老老实实地站在里面。然后拿起一支蘸满了墨水的毛笔，脸上挂着邪恶又让人无法理解的笑。

数学老师的脸因为过度喜悦，几乎扭曲成了一种可怕的形象。他一面靠近三毛，一面对三毛说："你爱吃鸭蛋，老师给你两个大鸭蛋。"三毛能够感受到毛笔笔尖在自己的脸上划出刺骨的凉意，那个可恨的数学老师在三毛的眼眶上画了两个大大的圆圈。浓黑的墨汁顺着三毛光滑的脸蛋流了下来，可怜的三毛看上去滑稽而又可怜。为了不让墨汁流进嘴里，她只好紧紧地抿着双唇。

那个数学老师似乎觉得还不够痛快，他命令三毛转过身去给全班的同学看，课堂上顿时充满了全班同学哄笑的声音。三毛的心中感到无比屈辱，然而接下来发生的却是更加令人屈辱的事情。

老师竟然命令三毛带着这两个黑色的"鸭蛋"到学校的走廊上去"展览"一圈。三毛不敢违抗，可是双脚却如同灌了铅一般沉重。每走一步，她都能感受到自己的心门又关紧了一分。当这一圈走完，她的心已经与整个世界完全隔离。

一个同学终于看不下去，带着三毛去洗掉了脸上的墨汁。然而这份屈辱却在三毛的心中打下了深深的烙印，永远都无法抹去。

那天放学，三毛久久都没有回家。她迈着沉重的脚步在街上走到天黑，在学校走廊"展览"的时候，倔强的三毛没有选择哭泣，可是如今再也没有人关注她，屈辱的泪水一下子决堤。她在外面哭了很久很久，当重新回到家里之后，她的表情平静得仿佛没有发生过任何事情。

此刻，三毛的脸上戴上了一张面具，用若无其事的表情掩饰了屈辱的内心。

色彩｜最沉默的生命力

有时候，我多么希望有一双睿智的眼睛能够看穿我，能够明白了解我的一切，包括所有的斑斓和荒芜。那双眼眸能够穿透我的最为本质的灵魂，直抵我心灵深处那个真实的自己，她的话语能解决我所有的迷惑，或是对我的所作所为能有一针见血的评价。

一段灰色的孤独记忆

内心一片冰冷,仿佛世界末日即将降临。生活变成了一个噩梦,就连灵魂都在颤抖。灰蒙蒙的天空,像极了三毛日后对这段时光的回忆。

学校成为最可怕的地方,每天,三毛都是若无其事地起床、穿衣、吃饭,可是一旦踏出家门,她就仿佛走在一条通往地狱的路上,心中的恐惧与不安再也无法掩饰,空气中的氧气仿佛变得越来越稀薄,三毛不得不大口大口地急促呼吸。

距离学校越近,她的呼吸就会越急促,有好几次,心中的烦闷让三毛险些在去往学校的路上窒息晕倒。她每一次都勉强控制着自己的情绪,可是,依然无法像从前一样坦然地踏进学校的大门。

她就像一朵还没有完全绽放的花蕾,在狂风暴雨的摧残下迫不得已地中止了绽放。阳光再也照射不进她的心房，她的内心世界只剩下灰暗和封闭。看似平静的外表之下，掩盖着她内心痛苦的挣扎。她用冷静的假象保护着脆弱的内心，就像一只刺猬，只有自己知道坚硬的刺底下是柔软得不堪触碰的内心。

三毛再一次选择了逃离，逃往她最喜欢的墓地。只有在墓地里，她才确信没有任何人可以伤害自己，那里的空气中，流淌着一种与世无争的宁静。冷冷清清的墓地，是内心最好的栖息地，三毛在那里可以静下心来好好看书，让文字默默抚平心中的伤口。

她逃学的次数越来越多，可是却担心会被家里人知道。于是，她只好逃几天学，再上几天课，就这样坚持了一年，家里人都没有发现她逃学的事。

纸包不住火，三毛如此频繁地逃学，学校忍无可忍了。他们给三毛的父亲发去了一封公函，详细陈述了三毛逃学的事实。

听到三毛逃学，父亲并没有表现出无端的气愤。因为他分明从女儿的双眼中看出了悲伤与委屈。这位深知女儿个性的父亲没有说出一句责怪的话语，只是默默地把三毛从学校接回了家里。

父亲知道，每个孩子在成长的过程中都难免有磕绊，留下的伤口，也只能靠自己去默默舔舐。他希望女儿在家休养一段时间之后，可以重新变回以前无忧无虑的样子。然而事实并没有他想象的那样乐观，回到家里的三毛仿佛丢失了自己的灵魂。

虽然整天无精打采，至少休学的日子不会让三毛感到恐惧。可是，休学的日子转瞬即逝，转眼就到了要重新返回学校的时间。父亲看出了三毛眼中的不情愿，可是却也不能容忍她一辈子待在家里。

父母几乎是半商量半强迫地把三毛送回了学校。为了让她乖乖上学，母亲决定每天亲自送她上学。

然而，三毛眼中的学校，仿佛一个张着血盆大口的怪物，学校的空气里仿佛弥漫着血腥的气息。站在走廊里，三毛感觉自己被怪物吞进了肚子里。

回到学校的第一天，她就感到呼吸困难，竟然晕倒在走廊上。

第二天，三毛又被母亲送到了学校。坐在课堂上，三毛再一次想起了多年前那只待宰的羔羊，老师在课堂上讲课的声音，仿佛是在用威严而又恐怖的语调宣判着她的死刑。三毛再也忍受不了这种内心的煎熬，一节课结束，她就迫不及待地跑出了学校，再也没有回来。

这一次，她没有逃往墓地，而是逃到了台北省立图书馆。文字是最好的镇静剂，她仿佛感到自己的伤口在阅读大量文字的时候慢慢愈合。自由呼吸空气的快感，让她无暇顾及父母脸上忧郁的神情。

父母终于默认了三毛休学的事实，她仿佛受到了大赦一般，拿到了休学证明。三毛的世界似乎一下子变得广阔起来，可是她的内心和灵魂，依然被她自己封锁在一片狭小的区域里，不愿轻易释放。

她的情绪开始变得烦躁，有时候甚至无法控制自己的举动。她喜欢和同龄的孩子吵架，一次和堂弟在家中发生了争吵，暴躁至极的三毛竟然用一把钢梳子残忍地扎向堂弟的脸，锋利的梳子齿尖扎进了堂弟的皮肤，疼得堂弟哇哇大哭着跑了出去。

没有人跟自己吵架的日子里，三毛就成为一个破坏分子。她常常拎着一壶刚烧开的水去浇花，看着刚刚还盛放的花朵在一瞬间枯萎，她的脸上洋溢着开心的笑容。

她的个性变得有些扭曲，可是，到了夜晚，无边的黑暗袭来，又让她感到无比恐惧。为了在黑暗中抓到一丝安全感，她让父亲在卧室的所有窗户上都加上了铁栏杆，又将一把大大的铁锁焊在了门上。

夜晚的三毛，是一个矛盾的个体。虽然黑暗让她感到害怕，却也让她感到安全。有时候，她会离开自己那个层层封锁的小屋，走出家门。也只有在黑夜里，她才不用担心别人会看清自己的容貌，她也不用看清别人看待自己的眼神。

在静默里等待光芒

　　喧嚣的城市为忧伤穿上了华丽的衣裳，寂寞的情绪伤感着心中挥之不去的惆怅。哭与笑最终都会回归到沉默，令人窒息的静默里，只有苦涩的味道在空气中不断升腾。

　　在黑暗中行走的三毛，专门喜欢走一些僻静的小路。在离家不远的地方，有一块空地堆满了水泥管子，三毛喜欢把自己藏进水泥管子里，仿佛这样就能阻隔全世界对她的伤害。

　　没有人告诉三毛，她已经得了抑郁症，并且正在朝着自闭的趋势发展。她只是觉得生命已经变得没有任何意义，即便别人说，像她这个年纪的女孩正是如花的年龄，可她却觉得自己就像一朵刚刚被开水浇灌过的花朵，正在明媚的阳光中迅速地枯萎死去。

　　哪怕是艳阳高照，三毛的灵魂也仿佛永远待在深不见底的黑暗中。阳光已经照射不进她封闭的内心，对自己的人生，三毛看不到一丝一毫的希望。

　　她可以清楚感到自己正在日渐颓废，父母的一切希望在她的身上都已经破灭。她也清楚自己不是个听话的女孩，如今遭遇的一切，她全部归结到了自己的身上。她认为自己是个无能的人，也许这样的人活在世上，是对所有人的一种拖累，如果死去，说不定会得到解脱。

　　死神在三毛的面前轻轻勾了勾手指，她从自己的身上闻到了死亡的味道，这种味道竟然是一种难以言喻的清香。她仿佛中了邪一般，提前感到了死去之后的快感，这种快感驱使她带着愉悦的心情将刀片轻轻地划到了手腕的血管上。

　　鲜红的血液带着欢乐的节奏从血管中汩汩涌出，看着这般鲜艳的颜色，三毛的唇边扬起了一抹满足的微笑。她的眼前弥漫起朦胧的雾气，为眼前的一切赋予了一种梦幻的色调。在梦幻的场景中，三毛缓缓闭上了双眼，迅速从血管中抽离的鲜血也带走了她的生命力，她渐渐失去了知觉，昏迷过去。

三毛分不清自己是梦是醒，昏迷过去的世界里，竟然还能清晰地看到那些曾经在墓地中结识的灵魂，他们仿佛在呼唤着自己的名字。可是，他们焦急的语气和神情仿佛不是在召唤自己，而是想要把她驱赶到他们之外的世界去。

在这些呼唤的声音中，三毛缓缓睁开了双眼。她发现，一张焦急的面孔就在她的面前，她的双眼因为昏迷了太久，眼神有些涣散，当视线重新聚焦，她发现这张焦急的面孔正是自己的母亲，她的身后是眼中含泪的父亲。她刚刚听到的呼唤声，就是父母对自己不舍的呼喊。

三毛用尽全部的力气朝父母露出了一丝微笑。她忽然意识到，父母给了自己太过强大的爱，这样的爱没有给死亡留出一丝缝隙。三毛重新活了过来，她暂时放弃了死亡的念头，不过，她那被牢牢封锁起来的灵魂却并没有随着她一同重生。

父母终于意识到，女儿一定是生了很严重的病，他们终于决定让三毛彻底休学，在家中好好休养。至于耽误下来的课业，父亲可以为女儿讲解。

于是，陈嗣庆每天下班之后，就陪着三毛一同在书海中畅游。文学仿佛是一把万能钥匙，能够轻易打开三毛紧紧封锁的心扉。每当看到父亲脸上慈爱的神情，三毛身边的黑暗仿佛就会呈现出一丝微光。不过，这丝微光和打开心扉的时间一样短暂，只要离开文字的世界，她的心门又会紧紧地锁上。

没有父亲陪伴的时间里，三毛就会对着墙壁自言自语，空荡的房间里传来的回声，就是对她的话语唯一的回应。她就这样在家中度过了七年时光，除了自言自语，陪伴她的就只有文字。

三毛曾经在书中读到过一则希腊神话：山林女神 Echo 因为美丽的容貌

遭到了天后的嫉妒，天后将她贬到了人间，并且夺走了她表达爱情的能力，甚至不能正常说话，只能重复对方话语的最后三个字。

一天，Echo遇到了纳雪瑟斯，他是一个美男子，Echo对他一见钟情，却无法表达自己的爱意，只能心怀悲伤地跟随在纳雪瑟斯的身后。纳雪瑟斯发现有人跟随自己后，问了一句"谁在这里？"Echo却不能说出自己的名字，只能重复着他说的最后三个字："在这里。"

纳雪瑟斯说道："不要这样，我宁死也不愿让你占有我。"Echo却只能答道："占有我。"纳雪瑟斯感到眼前的女子简直莫名其妙，他开始讨厌Echo，不理会她悲伤的眼神，转身离去。

当天帝知道了这件事，决定惩罚纳雪瑟斯。在天帝的指引下，他来到了一处湖边，从湖面上看到了自己的容貌。如此美丽的容貌让纳雪瑟斯深深迷恋，久久不肯从湖边离去。于是，天帝把他变成了一株水仙花。可是，Echo依然对纳雪瑟斯念念不忘，成了一名最爱水仙花的女神。

三毛被这个神话故事深深打动，她决定把Echo当成自己的英文名字，这个名字还有一个中文的释义，叫作"回声"。

日子在时光中缓缓流淌，在这样的城市里行走，每一步都是彷徨，每一步都会刻下一道晦暗的伤。

三毛心中的伤口依然没有恢复，不过，远离学校的生活，已经让她感受不到恐惧。她享受这种随时可以与书为伴的日子，书籍的安慰让她忘记了伤口的痛。她虽然依然不愿意迈出家门，但是躲在房间里看书的感觉，就像重新回到了母亲怀里那般安稳。

寂静的海边也曾经留下过三毛瘦弱的身影。心情好一些的时候，她会一个人悄悄地来到海边，找一处没有人的海滩，将自己的满腹心事都说给沙滩上的贝壳听。她不需要贝壳对自己有任何回应，只要它们愿意倾听自己的秘密,三毛就感觉自己在这个世界上并不孤独。

为了女儿可以重新回到那个充满阳光的世界,父亲愿意为她付出一切。他不忍心看着如同花朵般美好的女儿就在房间中日渐枯萎,于是重新为她申请了上学的机会。父亲以为,一所美国人创办的学校可以不同于台湾学校那般死板,可是对于三毛来说,再轻松的氛围,也逃离不开"学校"这个字眼。这两个字已经成为她生命中的一个噩梦。面对父亲的提议,她只是拼命地摇头。为了不再让三毛犯病,父亲也只得打消了这个念头。

十几岁的三毛,依然有着一副青春而又稚嫩的脸庞,可是那双美丽的大眼睛里,却饱含着与这个年龄不符的忧郁。她从来不敢直视别人的眼睛,这种躲闪的神情,让父亲的心如同刀割一般疼痛。

父亲挖空心思地想要让三毛忘记那些痛苦的回忆,他再一次小心翼翼地尝试,问三毛想不想学习画画。听到画画,三毛回忆起小时候看到过的一幅油画——大块大块的色彩,堆砌出一个美丽的姑娘,这简直就是色彩的魔法。想到自己可以掌握运用这种魔法的能力,三毛的眼中流露出了惊喜的神色。她朝父亲开心地点了点头。大喜过望的陈嗣庆赶忙去对上帝表达自己的谢意。

父亲很快就为三毛请来了一位美术老师——山水画大师黄君璧先生。这位老先生当时正在台湾师范大学艺术系任教。为了请他来为三毛授课,父亲不惜开出优厚的报酬。

老先生的教育方式完全按照旧式的规矩来进行。他让三毛在缭绕着清香的窗边研墨,然后一笔一画地临摹。三毛本以为学习画画,可以让自己头脑中天马行空的幻想呈现在纸上,却没想到学习画画的过程如此枯燥无味,仅仅学习了两三个星期,她对画画就完全丧失了兴趣。

索然无味的学习过程,不是三毛幻想中五彩缤纷的世界,也许她终将成为一只美丽的蝴蝶,可是她却不愿忍受破茧而出的过程。

去做毕加索的另外一个女人

世间最难走的，就是孑然一身的路，路途中有太多的风雨，也有太多孤独的无奈。在这条孤独的路上，色彩就成了唯一的陪伴，也只有这些色彩，能繁华起一度苍凉的红尘。

父亲好不容易为三毛找到了一项爱好，他不能眼睁睁地看着女儿放弃。于是，他开始思考三毛想要放弃的原因。他发现，也许是老先生的教学方式难以让女儿敞开心扉，为了让三毛继续学习画画，他只好重新聘请了一位老师。

这次，陈嗣庆请来的老师是一位年轻的女性。这位名叫邵幼轩的老师也是美术界知名的人物，不仅受到过蒋经国的高度称赞，还被美国各大艺术院校聘为终身教授。从陈嗣庆的口中，邵幼轩老师多少知道了一些三毛的事情。当看到这个瘦弱的女孩站在她面前时，身为女性的细腻情感，让她忍不住对三毛一阵心疼。

她不愿像那些不负责任的老师那样，用"低能"这样的字眼随意去定义三毛，她觉得，在三毛忧郁的眼神背后，一定有一些特殊的才华在等待着被人发掘。于是，她放弃了那些按部就班的教学方式，而是转换成一种更加自由的方法，每天给三毛一些自由发挥的时间，让她把脑海中的图像呈现在画纸上。

脱离了章法与规矩的束缚，三毛一下子就重新找回了对画画的兴趣。她开心地拿起画笔，在没有主题没有笔法的前提下自由地在画纸上挥舞。很快，原本一片空白的画纸上，呈现出三毛心中的图案，那是一只灵动可爱的小鸟，虽然没有太多技巧，可是线条却十分流畅。这只小鸟的眼中，流淌着三毛眼中曾经的灵气，从这只小鸟身上，邵幼轩老师似乎看到了三毛曾经的样子。

她一下子就被三毛的画深深吸引，并感到震撼。一个几乎没怎么学过绘画的小孩子，竟然懂得用画笔去倾诉内心，这绝对可以称之为一种天赋。当看到三毛笔下的花朵，邵幼轩老师再一次感到震惊。这些花朵甚至比小鸟更加传神。想到这样充满灵气的孩子成为自己的学生，邵幼轩老师的心中不免感到庆幸。

绘画为三毛的生命涂抹了一笔美好的色彩，她一度迷茫的人生似乎重新出现了一种叫作梦想的东西。不过，对于绘画，三毛依然有些懵懂，她并没有打算将画画当作自己毕生的追求，只是抓紧一切时间，从画画的过程中寻找丢失已久的快乐。

一天，三毛的二堂哥来到家里，他同样是一名休学的孩子，不过，他休学的原因并不是对学校厌恶，而是因为对音乐的痴迷。为了潜心学习音乐，他当着全家人的面将自己的学生证撕得粉碎。好在三毛的父亲懂得尊重每一个孩子的意愿，他主动承担起这个孩子学习音乐的费用，还不惜重金请来陈懋良担任他的音乐老师。

艺术是相通的，虽然二堂哥对音乐无比痴迷，却也不影响他对绘画的喜爱。他偏爱油画，是毕加索的狂热"粉丝"。二堂哥把一本毕加索的画册送给三毛当作礼物。三毛在画册中看到了一座被战争摧残的小镇。这座叫作格尔尼卡的西班牙小镇，在"二战"时期德国人的狂轰滥炸中失去了往日的美丽，然而三毛却从画中的灯火中看出了希望，这就是充斥着血腥与暴力的《格尔尼卡》。三毛被这幅画惊呆了，并不是因为血腥的场面让她感到恐惧，而是因为大块大块的色彩竟然能够堆积出如此分明的层次。

似乎从这一刻开始，她爱上了用油画表达情绪的方式。油画不同于山水画的柔情婉转、气势磅礴，而是一种有些简单粗暴却又让人酣畅淋漓的绘画方式。

因为爱这样的色彩，三毛也爱上了毕加索。毕加索笔下的油画，时而奇幻，时而立体，他的画已经超越了常人对美的理解，可是三毛却可以懂得毕加索从画中表达出的一切情绪。虽然她从未见过毕加索，虽然他们之间有着几十岁的年龄差距，虽然他们之间隔着千山万水，但她坚信，自己一定就是毕加索的灵魂伴侣。三毛在心中悄悄许愿，有朝一日，她要成为毕加索的女人。

也许是因为隔绝了与外界的交流，三毛反而更容易触摸艺术的灵魂。晚年的毕加索，经历了年轻时的炽烈与张狂，最终却回到了孩童般的纯真。每一个孩子都是天生的艺术家，返璞归真的毕加索对鲜艳色彩的运用更是纯粹得夺人眼目。

他曾说："我的每一幅画中都装有我的血，这就是我的画的含义。"而多年以后，似乎是作为与毕加索的回应，三毛在自己的每一篇文字里都融入了自己的灵魂。

三毛开始痴狂地迷恋毕加索，也迷恋他生活的那个国度。仿佛从他的画中，三毛就已经读懂了他的内心。毕加索生活的西班牙，成为三毛心中的圣地。她甚至弄来了一张毕加索在巴黎居住过的别墅的照片，每天都拿出来仔细端详，畅想着有朝一日能在那里与毕加索相遇。

是毕加索在三毛沉寂的世界里注入了一丝生命的活力，她的一帘心绪在流年中轻舞，却也只能无奈地遗落在如梦的芳华里。

如果说是堂兄为三毛打开了通往油画世界的大门，那么，陈缤与陈骍姐弟就是三毛通往油画世界的引路人。

这对姐弟原本是三毛的姐姐陈田心的玩伴，一次他们来家中玩耍，几个孩子聚在一起自然无比喧闹。三毛没有加入他们的游戏，只是静静地躲在角落，时不时将关注的目光投向这里。

孩子们的游戏似乎与战争有关，一直学习油画的陈骕突然提出要把战争画出来给大家看。大家自然纷纷响应，于是，在画布上涂涂抹抹了一会儿后，一场印第安人与骑兵之间的惨烈战争就呈现在了大家面前。

大家对陈骕的绘画技巧赞叹不已，拿着画争相传阅。不过，只短短一会儿，他们的吸引力又被其他事情吸引，这幅画也成了过气的玩具，被丢在了一边。

直到这一刻，三毛才从角落里走出来，捡起这幅被丢在地上的油画。她在画中看到了正在被熊熊烈火燃烧的战车，拉车的战马倒在地上，不知是体力不支还是已经死去，骑士们依然在振臂高呼，似乎想要做最后的冲刺。

因为学过画画，三毛更容易欣赏到一幅画的灵魂。这幅色彩浓烈的油画，几乎让她忘记了呼吸。孤寂的内心太需要丰富的色彩去填充，想要学习油画的念头瞬间充塞了三毛的全部意识。

她曾经听陈骕说过，顾福生是他的油画老师。这是一位非常有才华的画家，更特别的是，他还是国民党高级将领顾祝同的二公子，并且还是鼎鼎大名的绘画团体"五月画会"的成员。虽然他为人一向谦和有礼，不过请他做老师，也并不是一件容易的事情。

当母亲听到三毛亲口说想要成为顾福生的学生时，一种难以名状的兴奋让这位慈爱的母亲根本无暇顾及这位老师有多难请。她含着激动的泪水连连点头答应。当三毛的父亲带着忐忑的心情去邀请顾福生时，没有想到顾福生竟然一口答应收三毛做学生。

这简直是上帝再一次眷顾了这个不幸的家庭。不过，在答应之前，顾福生也提出了一个条件，那就是他不会上门授课，而是要三毛来他家里学习。

这个条件仿佛拉长了三毛与油画之间的距离，以她如今的状况，就连从卧室到大门之间的距离，都显得那样遥远。

让灵魂在颜色里复活

当灵魂无路可走，迷茫的心绪就会开启一番挣扎的过程。然而，当一条全新的路呈现在面前，在前进与后退之间，似乎又会展开一番全新的挣扎。

走出家门到别人家里学习油画，的确是一件让三毛为难的事情。对外面世界的恐惧，似乎战胜了成为顾福生的学生的欣喜。上课的日子很快就到了，可是三毛却迟迟没有走出房门，母亲看到原本放在床上的枕头，已经变成了扔在地上的一堆破烂棉絮。她知道三毛一定在经历一场痛苦的内心挣扎，于是没有打扰女儿，而是悄悄拨通电话，更改了学习的时间。

对那一抹抹浓烈色彩的渴望，终于让三毛鼓起了勇气。事实证明，学习油画是她最正确的一次人生抉择，顾福生也是一位改变了她命运的老师。

第一次见到顾福生，三毛的胆怯与忐忑就彻底融化在他温暖的微笑里。他是一位儒雅的翩翩君子，言行举止恰到好处。他带着三毛穿过了院落中的一片牡丹花丛，进入一间挂满了油画的画室。

顾福生温柔地问三毛，为什么想学油画？尽管他的脸庞和语气是那样亲切，可毕竟依然是一个陌生人。在陌生人的面前，三毛许久不曾开口说话。她在心中反复斟酌了半天，才勉强说出一句"我休学了"。

善解人意的顾福生看出了三毛的为难，他没有继续追问休学的原因，这个举动也让三毛对他更增添了几分好感。从顾福生的身上，三毛看出了艺术家独有的魅力。他就像一颗闪耀着光芒的太阳，时刻温暖着三毛潮湿的内心。

三毛最喜欢看他画画时的样子，每当这时，他就会变得沉默，原本舒展的眉头微微蹙起，屏息凝气地舒展着修长的手臂，很快就会完成一幅精美的作品。

不过，他并没有让三毛马上开始学习油画，而是给她一支铅笔，教她从练习素描开始。此刻，学习什么似乎已经不重要，一个懂得呵护受伤心灵的老师，比任何一种绘画的抚慰效果都好。

三毛从素描练习中体会到了更加轻盈和随性的创作感受，然而，几乎与此同时，她渐渐发现自己似乎并不是绘画天才。毕加索终究只是一个遥远的存在，三毛与绘画大师之间依然隔着遥远的距离。

越是否定自己，三毛越是觉得画笔不听使唤。三毛笔下的线条显得笨拙而生硬，就连配色也显得那样奇怪。

一连两个月，三毛的绘画水平都没有丝毫进展，她开始变得失落，觉得周遭的一切似乎都在讽刺她的绘画水平。看着画室中垂头丧气的兰花和阴沉的天空中飘落的雨丝，三毛终于忍不住流下了眼泪，自卑感瞬间在心头弥漫。在痛恨自己不争气的同时，三毛想到了放弃。

她第一次没有完成老师布置的作业，再见到老师时，三毛只是低着头不出声，因为她觉得，没有完成作业的理由，实在是有些难以说出口。

在心中挣扎了半天，三毛终于小声地对顾福生说："我是个没有画画天分的学生，请老师放弃我，对不起，耽误了您这么久的时间。"说着，她缓缓抬起头，大大的眼睛中盛满了泪水，眼神中的委屈与难过，任何一个人看了都会心疼。

顾福生的反应再一次出乎三毛的意料。他似乎没有为三毛的话感到惊讶，也没有因为她没完成作业而生气。他依然是一副云淡风轻的样子，平静地让三毛坐下，然后仿佛什么都没有发生一般，与她聊起了天。

聊天的内容与画画无关，顾福生问三毛喜欢看些什么书，这一个问题一下子打开了三毛谈话的闸门。读书是她最大的爱好，谈到书籍，她似乎有说不完的话题。她一口气说出了许多自己读过的书，甚至连同讲出了自己读过这些书之后的感受。在说这些话时，她的大眼睛里充满了神采，之前的阴霾被眼中的光芒一扫而空。

顾福生终于发现了三毛身上最闪光的部分，画画的确不是她的天赋，文字才是她与生俱来的灵魂。他没有过多言语，只是从书架上取下了一本《笔记》杂志的合订本和几本《现代文学》杂志，叮嘱三毛回家之后好好读一读这几本书。

即便没有老师的叮嘱，三毛也一定不会放过读书的机会。打开这几本杂志，一股清新的文风扑面而来。这里面的文学语言不似传统的文学那样深沉晦涩，更像是走进了春天的原野，读过之后，仿佛可以闻到花开的芬芳和青草的香气。

这几本杂志中的作者，在用一种全新的方式与人说话，这种方式让三毛感到新奇，却又有些欲罢不能。只要一捧起这几本书，三毛就会陷入一种痴迷的状态，好几次因为读书过于投入而忘记了吃饭。

三毛收回了之前和老师说过的话，如果不再学习画画，就再也见不到这位懂得自己的老师，三毛不愿意那样，于是，她又按时来到了顾福生家里。

再次见面，顾福生没有与三毛谈起任何有关画画的事情，他们聊起了文学。三毛的话越来越多，在这位老师面前，她感觉自己可以无话不谈，许多话在心中憋了许久，终于找到了倾诉的对象。在聊天的同时，心中原有的孤寂仿佛正在一丝一丝地抽离。没有了这些充塞着内心的忧郁，三毛忽然就感觉内心仿佛轻快了一些。

每一次见到顾福生，三毛都能带回一些老师借给她的书。这些书简直就是她的精神食粮。一旦全身心投入书的世界，周围异样的言语和眼光就再也不能吸引她的注意，有些伤口，在忽略的同时，也就开始了愈合。

短短几周时间，三毛就仿佛变了一个人。原来那个忧郁的外壳已经彻底蜕去，她眼神中的光芒证明着她又重新披上了欢快的外衣。

只要见到顾福生,三毛就会滔滔不绝地讲述一段时间以来自己看过的书。顾福生的脸上永远挂着温暖的笑,他从不对三毛的任何见解表示否定。在老师的鼓励之下,三毛曾经丢失的自信又开始一点一滴地累积,她也想像杂志中的那些作家一样,将自己的感受落于笔端。

于是,她写了一篇题为《惑》的文章,里面写满了她曾经的伤痛。有些痛,说出来,也就不痛了。她写道:

天黑了。我蜷缩在墙角,天黑了,天黑了,我不敢开灯,我要藏在黑暗里。是了,我是在逃避,在逃避什么呢?风吹进来,带来一阵凉意,那个歌声,那个缥缈的歌声,又来了,又来了……

她兴奋地把自己写好的文章拿给顾福生看。看过之后,顾福生依然没有说过多的话,只是默默地把文章放在一边,像平时一样授课。

他的举动让三毛的心变得忐忑不安,刚刚建立起来的自信几乎瞬间消融。可是她又没有勇气问老师的看法,只好开始逃避,一连一周都没有出现在顾福生面前。

当她再次来上课时,顾福生终于开口谈到有关这篇文章的事情。他说已经把这篇文章送到了《现代月刊》,下个月就会刊登出来。

一种狂喜的情绪瞬间注入三毛的血液之中,她不敢想象自己的文章即将变成铅字,刊登在自己最喜欢的杂志上。老师没有骗她,一个月之后,三毛果然见到了那本印有自己文章的杂志。她几乎是一路狂奔着回到了家里,还没进家门,家人就能听到她欢快的叫喊声:"爹爹,爹爹,我写的,变成铅字了,你们快看,我的名字在上面。"

看到女儿的文章,父母忍不住泪流满面。他们知道,一度濒临"死亡"的女儿,终于活了过来,一颗饱含生命力的种子已经在她的内心深处生根发芽，她经历了凤凰涅槃最痛苦的过程。三毛也知道，自己这一系列的蜕变，都离不开心灵导师顾福生的帮助。

迎接阳光的艳丽

如果可以为自己的生命祈求些什么，三毛一定愿意为自己祈求到一抹如同阳光般灿烂的微笑。她的世界已经被阴霾笼罩了太久，在一片灰暗的世界里，她终于萌生出对风和日丽的向往。

自从她的文章在《现代月刊》杂志发表之后，文字对于三毛，就变成了比任何食物都更加美味的食粮。她开始贪恋写作的感觉，伴随着纸上诞生的每一个文字，她的心绪也可以在笔端缓缓流淌。

于是，她一篇又一篇地将自己的文章投给杂志社。让她开心的是，竟然没有出现过一次被退稿的情况。她创作的《月河》《雨季不再来》《一个星期一的早晨》《安东尼·我的安东尼》等文章先后在杂志上发表。三毛开始相信，读者们是真的喜欢自己的作品，而那些看过三毛文字的人，也对这个署名为"陈平"的作者十分好奇，他们想要知道是怎样一个人能够描写出如此细腻的情感。

从十三岁到十七岁，三毛从懵懂无知，经过人生的花季，走入了人生的雨季。常人难以想象，她在最美的年华里究竟度过了怎样难挨的岁月。幸运的是，她遇到了顾福生，那个在人生的悬崖边上伸手拉她一把的人。

如果没有经历过这些蚀骨的痛，也许三毛的文字中就不会饱含着感人肺腑的潮湿情绪，也许她的人生轨迹就会不同，世界上就会少了一个名叫三毛的作家，少了一些用眼泪浇灌而成的文字。

少女三毛将女孩的心思描写得淋漓尽致，在她成长的那个年代，真正优秀的文学作品并不多见，三毛的文字一下子从所有的文学作品中跳脱出来，直击读者的心灵。人们把三毛当时的作品称为"雨季文学"。不过，长期以来一直笼罩在三毛头上的那片"雨云"，正在不知不觉地消失。

她变得不再像从前那样自闭，文字为她搭建起了一座快乐的天梯，每登上一步，三毛都会感到自己的内心变得更加成熟。

也有人不喜欢三毛那段时期的作品，他们不理解一个年纪轻轻的女孩子为什么会有着如此忧伤的笔调。也有人妄自揣测，在这个本应无忧无虑的年纪里，怎会有如此深沉的忧伤，这个女孩一定是借鉴了他人身上的故事。

这些不认识三毛的人，不懂得她的雨季究竟经历了怎样的遭遇。好在三毛对这些评论并不在意，她的全部心思都投入了文学创作当中。也许她的文章难免伤感青涩，可是，不可否认的是，三毛心灵深处的阴霾已经被文字驱散，一去不复返。

清浅的风，吹散了心头的忧伤，恩师顾福生，在三毛成长的年纪里，总是恰到好处地为她指引人生的方向。他知道，只有一个人的指引，无法帮三毛支撑起完整的人生，于是，他建议三毛多出去交一些朋友，朋友多了并不是一件坏事。

他似乎又将三毛指引到一个从未考虑过的领域。三毛一直觉得，有了文字和顾福生的陪伴，人生已经足矣，至于交其他的朋友，她从未想过，也并不感兴趣。

顾福生看出了三毛的心思，他决定以老师的身份给她施加一些压力。于是，一张写着一个地址的纸条被顾福生塞进了三毛的手里。顾福生的话，在三毛听来总是带有一些神圣的意味。为了不违背老师的叮嘱，她只好按照纸条上的地址来到了永康街上的一栋房子前面。在按响门铃之前，三毛的心中还有一丝忐忑，她并不知道房子里住的是怎样的人，如果无法和那个人成为朋友，该怎样和老师交代？

但三毛忘记了，顾福生仿佛是她生命中的天使，他带进三毛生命中的人，一定也是天使。那栋房子里住着陈秀美（即后来成为著名作家的陈若曦），是一个与三毛年纪相仿也同样热爱文学的女孩子。两个女孩子凑在一起，简直一见如故。三毛觉得，比起老师顾福生，陈秀美更适合每天和自己腻在一起，两个女孩子也总是有着说不完的话题。

看过许多书的三毛，已经比同龄的孩子了解了更多知识，认识陈秀美之后，三毛发现她竟然比自己懂得还多。从陈秀美那里，三毛第一次知道糖是永远都不会变坏的食物，也第一次知道，猪永远都无法望见头顶上的天空。

陈秀美还告诉三毛，美丽的珍珠会在醋的浸泡下渐渐融化，可惜三毛找不到可供自己实验的珍珠。但是，她却可以和陈秀美一同趴在窗边仰望夜晚的天空，看着满天繁星，猜测哪颗星星属于哪个星座。

陈秀美与顾福生一样，都在尝试着把三毛偏离的人生轨迹重新拉回正确的方向。她让三毛知道，只活在一两个人的世界里，终究是狭隘的，只有敞开心门，世界才会变得更加广阔，也更加美丽。

一天，陈秀美对三毛说，台北华冈刚刚创办一年的中国文化大学是一个声誉很好的地方，她建议三毛尝试着去那里读书，说不定能将辜负的光阴重新捡拾起来。

三毛很认真地记下了陈秀美说的学校名称和地址，回到家后，她仔细考虑了很久，最终决定，给中国文化大学的校长张其昀先生写一封自荐信。

她在信中写下了自己休学的原因以及休学以来的经历。信中的每一个字，都饱含着少女三毛的血泪。她在信的最后附上一句："区区向学之志，请求成全。"足以见得她渴望重回课堂的决心。

三毛的信打动了张其昀先生，他马上给三毛写了一封回信，同意她即刻到学校注册。张其昀先生在三毛的人生旅程中，伸出了最关键性的援手。正是他的这一决定，使三毛的人生轨道终于回归原位。经历了七年的兜兜转转，三毛终于将中国文化大学当作了全新的人生起点，在良师益友的陪伴下，重新启程。

张其昀先生曾经看到过三毛发表的文字，也在注册的那一天看到了三毛创作的绘画作品。他认为这是一个在文学和艺术方面都有天赋的女孩子，因此建议她把文学或是艺术当作自己的专业。

可是三毛却做出了一个出人意料的选择，她在申请表的专业一栏郑重地写下"哲学"两个字，原因很简单，她想要知道"人活着是为了什么"。她更想知道究竟是什么偷走了她最好的七年光阴。

失学七年，对三毛的学业的确产生了不小的影响。在中国文化大学里，许多课程都是三毛不曾接触过的。因此每当考试时，三毛就开始犯难。

聪明的三毛想出了一个别具一格的办法，写作是她的强项，于是她用一篇作文代替了考卷上的答案，她把自己的经历与家史写得悲怆无比，老师读过之后竟然感动得热泪盈眶，就这样让三毛通过了考试。

重拾自信的三毛，也重新找回了久违的好胜精神。她读书的范围涉猎得十分广泛，可是依然会从同学口中听到自己没有读过的书。每当这时，她小小的好胜心就会作祟，一定要找到那些书，认真读过之后，再去与同学进行一番辩论。

大多数时间里，三毛依然是一个沉稳内敛的女孩子。在一众年轻的女同学中间，三毛的沉静，总是能从叽叽喳喳的女孩子中跳脱出来，让人一眼就能看到。

她会讲英文和日文，会写作也会画画，懂得多，却并不卖弄。当听到同学们说着加缪、柏拉图和自己的忧愁时，三毛的脸上总是挂着浅浅的微笑不发一语，即便是从别人的话语中听出纰漏也不会轻易出言指正。

三毛已经彻底走出了往日的阴霾，无论成绩好坏，她都已经不再是老师眼里的坏学生。再美丽的花朵，在不适合生长的土壤里也会日渐枯萎；相反，如果找到适合的土壤，哪怕是一株小草也会闪耀着耀眼的光泽。

　　中国文化大学就是适合三毛生长的土壤，再多愁善感的人，只要在生活中发现全新的美景，也会悠然地放飞情丝。那些欲言又止的心思，也终将化为雨季里的层层涟漪，渐渐恢复平静。

远方 | 去奔赴一场盛大的生命

我第一次看见他时,触电了一般,心想,世界上怎么会有这么英俊的男孩子?如果有一天可以作为他的妻子,在虚荣心,也该是一种满足。

东方公主的独特魅力

　　蹚过一段搁浅的青春，终于到达一座灵魂栖息的驿站。轻轻抖落心灵上被世俗蒙上的灰尘，三毛终于有机会好好审视自己的容貌。丑小鸭终有一日会变成白天鹅，年轻的女孩也总是希望自己能像天鹅一样美丽。

　　流逝的时光中，那个不谙世事的小女孩，已经成长为一名少女。对美丽的渴望，就像掉落在池塘的一滴春雨，缓缓地泛着涟漪。

　　一次去顾福生家中上课时，三毛偶然遇见了顾家的四个姐妹，她们都是标准的美人坯子，尤其是配上一身符合自身气质的装束，就连三毛看了都会忍不住惊呆。

　　顾家的两个姐姐，喜欢穿传统的中式旗袍，两个年纪小一些的妹妹，更爱西式的洋装。不同风格的衣服，将顾家四姐妹映衬得如同花朵一般美好。

她们从三毛的面前缓缓走过，仿佛从天上飘落的四名仙女。

看到美丽的顾家四姐妹，三毛不禁泛起一丝羡慕之情。她的皮肤并不白皙，仅是这一点，在顾家四姐妹面前似乎就矮了一截。再看看自己身上再普通不过的白布裙子，还是去年的旧衣服。虽然母亲用灵巧的双手在白布裙子上绣了两道花边，可是与顾家四姐妹比起来，三毛觉得自己是那样苍白，恨不得找个地缝钻进去。

这不是三毛第一次萌生对美丽的渴望。上小学的时候，她就希望自己快点长大，可以穿上和女老师一样的丝袜，让双腿在丝袜的包裹下展示出美丽的线条。她也希望穿上美丽的高跟鞋，涂上鲜艳的口红，在世人面前走出属于自己的风采。

看到顾家四姐妹，她对美丽的渴望重新被点燃。看着并不出众的自己，她竟然和自己怄起气来。

她气呼呼地回到了家里，可是任凭母亲怎么问也不肯说出生气的原因。其实，她想要一双漂亮的皮鞋，可是却不知怎样和母亲开口。在那个以朴素为美的年代，三毛却偏偏想要一双红色的皮鞋，她固执地认为，穿上一双红皮鞋，就可以像童话中穿上红舞鞋的少女一样，舞出最美丽的舞蹈。

三毛把自己想要一双红皮鞋的想法告诉了姐姐，却遭到了姐姐的一番批评。她觉得红色的皮鞋太过扎眼，在她有限的理解里，似乎只有不正经的女人才会穿出如此张扬的颜色。可是，即便是姐姐的批评也依然改变不了三毛对红皮鞋的执念。最终，姐姐把三毛的想法告诉了母亲，希望母亲能让妹妹打消这个不切实际的念头。

听到三毛想要打扮自己，母亲仿佛听到了天大的好消息一般兴奋。没有丝毫犹豫，她立刻带着两个女儿上街，打算为她们每人做一双皮鞋。

不过，母亲依然没有同意三毛选择红色，而是折中选择了一张玫瑰红色的软皮。这个颜色足以满足三毛对红皮鞋的渴望。她捧着做好的红皮鞋爱不释手，仿佛穿上它就可以让自己变成美丽的公主。

可惜的是，美丽总要付出痛苦的代价。这双新鞋子并不合脚，每走一步，三毛都要忍受从脚上传来的刺骨疼痛。但是这丝毫不影响三毛打扮自己的心情。她从父母的朋友送来的礼物里，发现了一件绿色的长绒毛衣，三毛觉得这简直就是红皮鞋的绝配。第二天，她就穿着自己精心搭配好的一身衣服，迈着轻快的脚步来到了顾福生家里。

走进院子时，三毛多希望顾家四姐妹在这时能够出现，让她们看一看，自己也可以像她们一样美丽。可惜，她们并没有出现，不过，三毛的心情依然愉悦，直到一块油彩沾染到毛衣上，才让她一天的好心情不得不提前结束。

回到家里，三毛偷偷地把沾到油彩的毛线用剪子减掉，又把那件绿毛衣原样放了回去。对于女孩子来说，美丽就像一颗饱满多汁的果汁软糖，只要尝过一次，就再也不愿放弃。看着越来越喜欢打扮自己的三毛，最开心的就是母亲。

于是，母亲总是找来一些美丽的服饰送给三毛。此刻的三毛，仿佛一下子从灰姑娘变成了白雪公主，有了数不清的衣服和鞋子。骨子里爱美的因子被彻底激活，每次出门之前，三毛都要对着镜子打扮好久，总是希望能让自己看上去再美丽一些。

恩师顾福生给了三毛一次尽情展示美丽的机会，也让她终于能够穿着那双漂亮的红皮鞋，在别人关注的目光中翩翩起舞。顾福生告诉三毛，他即将离开台湾，去浪漫之都巴黎深造。在离开之前，他要把所有的好朋友都召集到一起，举办一场告别舞会，三毛也成为他邀请的一位客人。

听说可以参加舞会，三毛变得雀跃不已。那一段时间，快乐的心情冲淡了即将与恩师分别的愁绪，每天她的脑海中都在思考该怎么打扮自己。她找出家里所有的漂亮衣服，有些是自己的，有些是姐姐和母亲的。三毛将这些衣服试了一遍又一遍，又一件件地否定。

终于，一件绿色的长裙成了三毛的最爱。为了让这件长裙不显得单调，她又在腰间松松地别上一朵绒花，脚上穿着自己最爱的高跟鞋。她在镜子前面自我陶醉了许久，仿佛从这一刻起，自己就已经成了一位高贵的公主。

还不足二十岁的三毛，的确有一种青春的美。她的皮肤虽不够白皙，却光滑得没有一丝褶皱，年轻就是最值得炫耀的美，尤其是穿上这身美丽的衣服，三毛对自己的样貌十分满意。

这的确是一场浪漫的舞会，每个人的脸上都带着浓浓的笑意。三毛的确成了舞会上受人欢迎的女孩，许多人来邀请她跳舞。随着旋转的舞步，她的心情也轻快到了极点。

可是跳着跳着，一种莫名的失落感袭上心头。三毛忽然回过味来，这一场喧闹的舞会结束之后，自己就要与顾福生说再见了。说是"再见"，可是再见究竟是何时何地，谁又能说得清？

想到这里，她的舞步开始变得沉重，已经完全失去了跳舞的兴致。可是无论是否跳舞，时间都在不可阻挡地缓缓流逝，舞会终将迎来结束的一刻。与此同时，顾福生也将在朋友的祝福声中，登上远去的邮轮。

三毛没有送顾福生上船，她实在没有说再见的勇气。遥望着顾福生远去的方向，她仿佛感觉身边又少了一个懂自己的人，再也没有人帮她选择日后该走的路。

这些年的爱情游历

有些回忆太美好，让人情愿留在过去。有些时光太快，改变了人当初的模样，又稍纵即逝。

顾福生就是三毛人生旅途中出现的天使，带来太多美好，却终究无法永伴身旁。不过，在顾福生的送别舞会上，三毛与白先勇相识，三毛一生都与之成为惺惺相惜的知己。

顾福生不愿让三毛重新变成一个没人关心的少女，在临走之前，他已经与画家韩湘宁约定，由他来继续做三毛的美术老师。顾福生的选择是对的，韩湘宁虽然年轻，但是年轻人特有的明朗让三毛十分喜欢与他亲近。可惜，韩湘宁很快也要去往纽约，他又委托彭万墀继续做三毛的老师。

不过，最让三毛念念不忘的依然是第一位恩师顾福生。她时刻都在期盼着与顾福生重逢，无论取得多大的成就，在他的面前，三毛依然是那个灵魂中带有一些自卑的少女，渴望再次从恩师的口中听到一些鼓励的话语，以慰藉她孤寂的灵魂。

顾福生离开之后，唯有文字能稍微缓解三毛的寂寞。她的文章经常在期刊中发表，伴随着文章的发表，三毛也总是能收到或多或少的稿费。三毛不是个吝啬的人，她经常用收到的稿费请同学们喝酒。三毛喜欢酒精带来的快感，稍稍喝上一些酒，精神就在不知不觉间放松下来。

每一个女孩都渴望尝一尝爱情的滋味，三毛也曾经在酒精的麻醉中，幻想一个骑着白马的王子缓缓走到面前，告诉她："你就是我的公主。"她常常想，也许有了爱情，人就不会如此寂寞，听说爱情的滋味比最甘醇的美酒还要香浓，她多想在这样美妙的滋味中永远沉醉，说不定这样就可以忘记什么叫作痛苦。

不过，三毛的骨子中依然有着小小的傲气，她的朋友很多，却从没有人真正走进她的内心。也许因为她的心门关得太紧，也许那个拿着她心门钥匙的人，还没有出现在她的生命里。

直到遇见梁光明，三毛才第一次体会到心跳漏了一拍的感受。他是全校女生心目中的白马王子，不仅容貌俊秀，更有满腹才华。刚刚十几岁，就已经出了两本诗集。在那个年代，没有哪个浪漫的女孩子不爱诗，会写诗的男孩子，就如同沙砾中出现的一颗美丽的钻石。

梁光明是个帅气的男孩子，还有着如同军人一般挺拔的身姿。他的身边从不缺少女孩子仰慕的眼光，似乎每个女孩子都希望能成为他的女朋友。他眼中的三毛，只不过是这些女孩子中的一个，唯一不同的是这个女孩子比别人多发表了几篇文章而已。

第一次听说梁光明，三毛的眼神中还带有一丝不屑。因为别人口中的梁光明是一名不折不扣的才子，她不明白为什么那些女孩子仅仅因为男孩子会写一些文章就莫名兴奋。听着她们用因为兴奋而几乎变了调的声音讨论梁光明，三毛甚至产生了一种不服气的情绪。

她要去会一会这位人们口中的才子，借书就成为最好的理由。第一次见面，三毛的确承认梁光明是个英俊的男子，不过，仅仅是容貌好看，还不足以让三毛动情。梁光明只是把三毛当作了众多仰慕他的少女中的一个，听说三毛想要看自己的诗集，就随手拿了一本给她，然后又投入到新诗的创作中。

三毛拿到诗集之后，迫不及待地回到了宿舍，她想要看看究竟是什么样的诗能打动无数少女的心扉。读到第一首诗的时候，三毛终于承认，原来有才华的人可以把文字酿成美酒，缓缓蒸腾的馨香让人欲罢不能。

她发现梁光明对文字的驾驭能力远胜过自己，他的诗全部有着绵长的意境，丝毫不愧对他的笔名"舒凡"。

三毛不知不觉间捧着这本诗集反复读了许多遍，仿佛周围的一切都不复存在。当她终于在同学反复的呼唤声中清醒过来时，双颊已经变得滚烫。

就在那一个瞬间，"梁光明"三个字，已经深深烙印在三毛的心里。小小的心脏一下子变得满满的，似乎突然之间有了这样一个人，可以让她时刻惦念。

三毛的专业是哲学，梁光明的专业则是戏剧。两个截然不同的专业，注定让两个人的生命没有太多交集。可是三毛的少女之心已经时刻在为梁光明而悸动，她无数次幻想在某一个转角，突然出现梁光明的身影，他可以温柔地牵起自己的手，带着她走向生命中的光明。

既然没有见面的机会，三毛就索性为自己创造机会。她变成了梁光明忠诚的追随者，只要有梁光明的地方，不远处就会出现三毛的身影。

只要看见梁光明走进某间教室，三毛就会紧随其后跟着他一同上课。如果梁光明去某间饭馆吃饭，三毛也会默不作声地坐在靠近他的桌子旁边。如果看到梁光明坐上某辆公共汽车，三毛也会在同一辆车上为自己找一个座位。她跟随得那样虔诚，只希望梁光明能朝她的方向投来一个关注的目光。

可是，三毛跟随得那样低调，以至于一连跟了三四个月，梁光明也没有注意到她的存在。

男孩子对感情的认知总是比女孩子晚一些，也许梁光明的感情神经没有打开，并没有理解到三毛不离不弃跟随他的原因。也许梁光明对三毛本来就没有感觉，所以索性假装没有看出三毛的意图。

三毛喜欢梁光明，已经变成了整个学校人尽皆知的秘密。一个才子，一个才女，同学们认为三毛和梁光明简直就是绝配，也有许多人明确表示支持他们在一起。可是唯有梁光明这个当事人，对这段单方面发生的感情浑然不知。

三毛不知道梁光明为什么不喜欢自己，只好时常借着请同学们喝酒的机会来借酒浇愁。一次，三毛正和同学们在学校餐厅一面喝着米酒，一面开心地谈笑，忽然，梁光明的身影从门口出现，他径直地走向一名认识的同学，然后和大家一起碰起杯来。

三毛多希望梁光明能够端着酒杯走向自己，像和别人一样开着玩笑，或者唇角向上扬起好看的弧度，用温暖的声音对她说一声你好。

这似乎是上天对三毛的又一次考验，那个不明白自己内心的人就坐在不远的前方，可是他偏偏不愿瞥向三毛的方向。与身旁的人碰了几次杯之后，梁光明离开了，他离去的身影也带走了三毛的精神，她感到自己的心里仿佛有一只小鹿在乱撞，她的思绪早已经随着梁光明一同离开了餐桌。

也许是她的思绪最终跟丢了，梁光明离开了许久，三毛才终于缓过神来。她只好拿起酒杯，一杯接一杯地喝酒，企图用酒精麻醉自己痛苦的神经。

可是，酒喝得越多，愁绪就堆积得越多，多到那间小小的房间已经盛放不下。于是，三毛只好起身离开，她想到操场上去走一走，让傍晚的风吹散愁绪，也许那样心里会轻松一些。

走在操场上，三毛低着头随意踢着脚下的石子。徐徐的晚风吹在耳畔，仿佛在嘲弄她的痴心妄想。曾经被梁光明装得满满的心，仿佛一下子被掏空了。天上的月亮圆成了好看的形状，三毛却连看一眼的心情都没有。

她的心情已经低落到了极点，可是，命运就是如此喜欢开玩笑，当你觉得已经不会再有转折出现，那个心心念念的人真的像梦中一样，出现在某个不经意的转角。

异彩纷呈的马德里

如果不能拥有一颗完整的心，即使拥有全世界，也填满不了心中的空缺。如果能在不经意间跌入一双深情的眼眸，哪怕被泥土淹没，也会含笑感谢命运。

低头漫步在操场上的三毛，忽然感觉到面前出现了一个黑影。她缓缓抬头看向黑影的方向，竟然意外地发现，那个黑影就是站在不远处的梁光明。他依然没有注意到三毛的存在，可是这一次，阻隔在他们中间的只有没有任何阻力的空气。

三毛忽然萌生了一股勇气，她要抓住这个难得的机会，让梁光明知道她的感情。如果错过这一次，也许她会为此后悔一生。

青春不能在等待中虚度，一旦打定主意，就连头顶的月光都会变得皎洁清澈。三毛用尽可能快的速度向梁光明跑去，一头长发在身后飘扬出优美的弧线。

带着微微的喘息声，三毛来到了梁光明的面前。她没有任何开场白，甚至没有一句寒暄，径直伸出手臂，拔下了梁光明胸前口袋的钢笔，然后用另一只手抓住了梁光明的手，因为紧张，她的指尖冰凉，还带着些许汗水的濡湿。

梁光明也没有开口，他不知道面前的女孩想要干什么，却又被她坚定的眼神震慑，不敢随意乱动。

三毛在梁光明的手心写下了自己的电话号码，然后用大大的眼睛深情地望着梁光明，用带有一丝乞求的口吻对他说："打给我，好吗？"

她没有等到梁光明的回答，说完这句话就转身跑开。她害怕听到梁光明的回答，因为他的答案有一半的可能是拒绝。也许跑开，就逃离了拒绝的可能，她宁愿回到家里，从电话的听筒中听到梁光明的回答。

三毛没有回到学校，而是直接跑回了家。一进家门，她就带着忐忑的心情守在了电话旁边，如果梁光明打来电话，三毛希望他在第一时间听到自己的声音。

母亲看出了三毛的心事，三毛告诉母亲，她在等一个男孩子的电话。母亲知道，她的小女孩终于长大了，她柔声安慰三毛，那个男孩子一定会打电话来，因为他无法拒绝一个如此可爱的女孩。

果然，电话声适时响起，听筒中传来梁光明温暖的声音。没有太多寒暄，他直截了当地问道："我们晚上去台北车站看电影好吗？"没有一丝犹豫，三毛赶忙大声说"好"。只要是能和梁光明一起，哪怕走到世界的尽头，也一定能看到最美的风景。

三毛变成了一个坠入情网的幸福女子，与梁光明在一起的日子，每一天都像是浸润在蜜糖之中。三毛眼中的梁光明，完美得没有任何瑕疵。她欣赏他的博学多才，不禁感谢上帝，让自己遇到了一位值得仰慕的爱人。

她曾将自己对梁光明炽烈的情感记录在文字之中：

一直跟着这位男朋友——如同亲人般的男同学，到大学三年级。随着时日的相处，恋爱并不是小说中形容的空洞和不真实，许多观念的改变、生活的日渐踏实、对文学热烈的爱、对生命的尊重、未来的信心、自我肯定、自我期许……都来自这一份爱情中由于对方高于我太多的思想而给予的潜移默化。

然而，梁光明似乎给不了三毛想要的轰轰烈烈，他甚至不知道，自己是否真的爱上了这个崇拜自己的女孩。他表达爱情的方式与三毛截然相反，他的细水长流遇上三毛的电光火石，似乎显得有些平淡无奇。

但是至少梁光明是喜欢三毛的，他喜欢她身上不同于其他女孩的率性和执着。当他牵着三毛的手，漫步在校园里，仿佛真的完美了所有人对才子佳人浪漫爱情的想象。有时候，他也会为三毛创作一首小诗，在缠绵悱恻的文字里，三毛感觉自己就快要融化在爱情之中。

原来爱情的滋味是如此美妙，快乐注入了她的每一个细胞。她想要永远地留住这种美好的感觉，却忘了刻意去追求完美的结局，往往会让一段恋情无疾而终。

在三毛简单直接的思维里，婚姻是留住美好爱情最好的方法。于是，大学还没有毕业的她，就开始渴望一段婚姻。

与梁光明在一起的日子，时间总是过得飞快，一转眼，两人相恋已有两年，距离梁光明毕业的日子也越来越近。对大多数学生情侣来说，毕业也就意味着分离。每当想到梁光明英俊的身影在自己面前出现的次数越来越少，三毛总是能感到心被掏空了一般的恐惧。

她打算用结婚的方式留住梁光明，却没有想到这并不是梁光明想要的。也许，梁光明并不是不想和三毛结婚，只是他还要承担起养家的重任，婚姻对一个年轻男子来说，意味着更大的责任，他原本希望三毛能陪伴自己一同撑过结婚之前的时光。可是，三毛的感情太过炽热，未来对她太过遥远，她想要现在就把梁光明牢牢地留在自己身边。

面对三毛的步步紧逼，梁光明萌生了放弃的念头。如果一定要让他在前程与爱情之间做一个选择，他宁愿选择前者。

在这段爱情中，梁光明退却了。三毛从他的口中听到了自己最不愿意听到的答案，仿佛一盆冷水兜头浇下，她炽热的情感不甘心地熄灭了。她不愿意就这样接受梁光明的拒绝，情急之下，三毛选择了最让男人无法忍受的方式——威胁。

三毛威胁梁光明，要么结婚，要么就永远不见。她还说，自己已经准备好了去西班牙留学的一切手续，如果梁光明执意不愿结婚，她就去往那片异乡的土地，再也不回来。

三毛的执着被梁光明当成了无理取闹，其实，梁光明对于这份感情，比三毛更加理智。他知道自己如今一无所有，也知道不能给予三毛更好的生活条件。事到如今，选择似乎也变得不那么艰难，也许分开，是对彼此最好的解脱。

梁光明的沉默就是最残忍的答案，三毛也没有再说话，空荡的房间里，只能听到她啜泣的声音。梁光明终于还是转身离去，他的身影渐渐消失在雨中，三毛的小声啜泣也终于演变成号啕大哭。

哭声是对一段逝去的爱情的最惨烈的祭奠，为了抚平这道情伤，三毛选择逃离。她真的收拾行囊，来到了西班牙。有时候，优雅地离开，总好过卑微地挽留。

尽管父母并不愿意最爱的女儿离开身边，可三毛的眼中已经盛满了离去的决绝。直到真的要离开的那一天，三毛才终于感到对双亲的不舍。可是，一切已经不能回头，就给自己一次重新开始的机会吧，也许在美丽的马德里，她可以变成一个更好的自己。

西班牙给了三毛一片灿烂的阳光，因为毕加索曾经在这里生活过，因此这里也就成为三毛心中最浪漫的国度。她仿佛早已经在梦中来过西班牙，自从踏上这块土地，眼前的一切都让她感到无比亲切。

西班牙的热情，让每一个来过的人都愿意永远留在这里。三毛爱上了这里的一切。她常常随性地进入一间咖啡馆，点上一杯咖啡，从窗口远远地欣赏着马德里的日落。

这里的人喜欢听音乐会，三毛也学着他们的样子，换上一身高雅的装扮，进入一家古朴的剧院。舞台上正在演奏些什么似乎并不重要，她喜欢感受与家乡截然不同的生活。

当地的土著人喜欢一面狂欢舞蹈，一面把一个盛满酒的酒袋挨个传递下去，每个人轮流喝上一口，传到最后，酒袋空空如也，喝过酒的人，也开始醉眼迷离。每当这时，三毛就会点燃一支香烟，让尼古丁和酒精的双重麻痹，刺激出神经中的快乐因子。

她从没有在信中告诉父母自己吸烟的事情，在马德里，她可以尽情地做另一个自己。时间是治愈一切伤痛的良药，生活果然可以重新开始。不知道从哪一天起，"梁光明"三个字已经不再萦绕在三毛的脑海里。当意识到这件事时，三毛的嘴角扬起一抹神秘的微笑。她知道，那段刻骨铭心的记忆已经全部成为过去。

遇见痴情男孩

今生的一次相遇，要花光多少累世的缘分？几世的轮回牵挂，才能换来今世的一片痴情？

对梁光明，三毛是个痴情的女子，她以为，自己的一往情深，已经随那个决然离开的背影变成了一场空，却不曾想，转身之后，却收获了属于自己的一片痴情。

三毛曾经预言，自己会嫁给一个西班牙人。也许就是循着这个神秘预言的指引，一个美好得如同雕像般的年轻男子，闯入了三毛的生命当中。

这个男子就是荷西，他曾经和三毛做出过同样的预言。十三岁那年，他当着全家人的面，说将来要娶一个日本女人为妻。其实，少年时代的荷西，根本不懂日本女子与中国女子的区别，他只是觉得东方女子充满了神秘。所谓的日本女子，也不过是东方女子的一个"代号"。

生长在西班牙的荷西，从小就不是一个听话的孩子。西方人总是喜欢男孩子淘气一些，于是，荷西果然成为家中八个孩子里面最淘气的一个。

他常常趁着全家人做弥撒的时候偷偷跑出去玩耍，也会故意在考试中取得一个很差的成绩。他这样做，只是希望能引起父母的注意。可是家中的孩子实在太多，父母根本无暇顾及这个淘气的孩子。

时光流逝，淘气的孩子成长为一名英俊的男子。即便是对于见惯了英俊男子的西班牙女孩，荷西的容貌也绝对值得她们惊叹。有太多热情的西班牙女孩对荷西表示过好感，可是他依然执着地不为所动。

他始终在等待心仪的女子出现，而那个符合荷西一切幻想的神秘的东方女子，正以优雅的气质，漫无目的地流浪在马德里的街头巷尾。

在马德里，三毛绝对是一个独特的存在。她的身上有东方女子独有的妩媚，却又多了一些让人难以亲近的冷傲。许多西方的男子为她着迷，却又找不到接近她的借口。

三毛在马德里的生活过得快乐而又随性，不愿意去上课的时候，她就偷偷跑出去打零工，用赚来的钱买自己喜欢的东西。想上课的时候，她又可以表现得十分乖巧沉静，仿佛那个昨天还在修道院里胡闹的女孩子和她没有半点关系。

每一天，三毛都会呈现出截然不同的样子，这样的她，无法不让那些年轻的男孩子为她着迷。于是，每天晚上，三毛的宿舍楼下都会聚集一大群男孩子，他们用吉他弹唱出好听的情歌，送给心中喜欢的女孩子，三毛无疑是收到情歌最多的人。

除了梁光明，三毛的视线不曾在任何一个男孩子的身上停留。追求她的人里不乏英俊的男孩子，可是三毛想要的是一个能走进自己内心灵魂的人。她就这样耐心地等待着，等待一场神圣的爱情，在某个不经意的时刻降临。

三毛永远无法忘记那个飘着雪花的圣诞节，那个晚上，她看见了一双世界上最纯净的眼睛。

在西班牙，三毛渐渐交了许多朋友。圣诞节那天，她按照约定，到一位中国的朋友家里去欢庆。按照西班牙的习俗，当圣诞节零点的钟声敲响，每一个人都要走出房门，向遇到的每一个人问好，并送上自己的祝福。

三毛也随着众人走出了房门，忽然之间，从楼上跑下来一个英俊的男孩，他一面向大家说着祝福的话语，一面将视线定格在了三毛的脸上。

三毛也不禁为男孩英俊的容貌所惊叹，时间仿佛在两人之间凝固了下来，他们彼此久久都没有将目光从对方的脸上移开，一种类似电流的东西通过双眼在两个人的身上渐渐蔓延开来。

惊叹过后，三毛很快恢复了平静。她只是欣赏他英俊的容貌，毕竟他还太小,根本无法让她联想到与爱情有关的任何字眼。于是,三毛平静地收回了视线,重新加入了彼此送祝福的阵营里。

从楼上跑下来的男孩子就是荷西,在三毛转过身去的刹那,他的心却久久不能平静。这正是他梦寐以求的一张东方面孔,她的双眼如同小鹿一般灵动美丽。荷西将三毛当成了自己追求的目标,可是对于三毛,他只不过是一个还不满十八岁的小孩子。

三毛并不是对荷西毫无感觉,她曾经用文字记录下第一次见到荷西时的心情:

> 我第一次看见他时,触电了一般,心想,世界上怎么会有这么英俊的男孩子?如果有一天可以作为他的妻子,在虚荣心,也该是一种满足。

只不过,三毛从未想过那个能够满足虚荣心的女子就是自己。自从那个美好的圣诞夜开始,荷西就悄悄在心中许下了愿望,希望这个黄皮肤黑头发的东方女孩有朝一日能成为自己的妻子。

虽然荷西只不过是一名高中三年级的孩子,可是也已经见多了各种各样美丽的女子,以至于任何的美色都不能让他侧目,唯有见到三毛之后,他一向坦然的目光中,竟然出现了一抹不易察觉的羞涩。

他强烈地渴望再次与三毛相遇,于是有事没事都喜欢到三毛的那位中国朋友家里坐一坐,希望和三毛在这里偶遇。

他还不敢以自己的名义主动邀请三毛,因为他不了解三毛的个性,如果表现得太过直接和主动,他担心三毛会被自己吓跑。

幸运的是,三毛经常会来这位朋友家做客,锲而不舍的荷西,也能够经常与三毛见面。渐渐地,两个人熟悉了起来。不过,三毛依然只是把荷西当作弟弟看待。

对荷西，三毛只有喜爱，并没有升华成男女之间的爱情。她喜欢与荷西在一起，是因为荷西总是能带她玩各种各样好玩的游戏。她全然不知，在荷西的眼里，她的周身闪耀着如同女神一般的光芒，荷西愿意为她做任何事情。

在荷西的公寓后面，有一个棒球场，三毛从来没有玩过棒球，可是她喜欢这个运动，荷西就充当起了三毛的棒球教练。面对三毛的笨拙，荷西从没有表现出不耐烦，他是个非常称职的教练，可以把动作要领讲解得十分清楚易懂。在荷西的反复指导下，三毛打棒球的动作也渐渐熟练。

三毛喜欢新鲜而又刺激的游戏，荷西就带着她去骑摩托车。风驰电掣的速度让三毛的一头长发在风中肆意飞舞，她开心地哈哈笑着，在荷西听来，三毛的笑声是世界上最美妙的音乐。

荷西带给了三毛久违的快乐。为了与荷西出去玩，三毛常常逃课，就连宿舍的女孩子们也认识了这个常常来找三毛的英俊大男孩。

在西班牙，如果是男子对女子有暧昧的情愫，周围的人就会戏谑地把男子称为女子的"表弟"。每次见到荷西，宿舍的女孩子就会笑着大声告诉三毛"你的表弟来了"。

一次，荷西又出现在三毛的宿舍楼下，脸上却挂着一抹腼腆的绯红。他的手里拿着一把钱，远远地看到三毛走来，开心得高高把手里的钱扬起，他说，这些钱一共有十四块，可以请三毛去看一场电影。说到这里，他又把头低下，声音变得很小，他说这些钱只够看电影，不够坐车，只能走着去电影院。

三毛丝毫不介意走路去看电影，一路上，荷西的脸上闪着幸福的光芒。整场电影看下来，荷西都在忐忑不安中度过。他多想轻轻握住三毛的手，可是又怕太唐突，吓跑了三毛。三毛并不知道荷西内心的活动，多年以后，当两人聊到那一晚的事情，三毛才知道，这个羞涩的男孩子，心中竟然隐藏着如此深沉的感情。

分离，只为再次遇见你

爱一个人很简单，简单到只想天长地久，在最美的年华里永远相伴。可是再单纯的爱也敌不过时间，面对未知的未来，已经在上一份爱情中丧失了勇气的人，只能选择分离。

单纯的荷西多希望能够和三毛永远厮守在一起，虽然他的家境还算富裕，可是独自在外求学的高中生，身上并没有太多钱。他没有能力送给三毛昂贵的礼物，好在三毛从不是一个物质的女人，她的爱好是拾荒，在别人丢弃的东西中发现宝藏。荷西喜欢陪着三毛一起拾荒，有时候收到荷西捡来的礼物，三毛反而无比高兴。

荷西希望自己能够成为永远守护着公主的骑士，虽然还未成年，他却已经开始幻想着与三毛共同生活的情景。他希望他们可以组成一个家，生上几个孩子，他负责出门赚钱，三毛则在家里洗手做羹汤。

于是，在一个飘雪的夜晚，荷西鼓足了勇气对三毛说："Echo，你等六年，我有四年大学要念，还有两年兵役要服，六年一过，我要娶你。"

三毛从未在荷西的脸上看到过如此认真的表情，突如其来的承诺让她不知如何回应。恍惚中，面前的荷西仿佛变成了自己，而她自己，则变成了曾经拒绝自己求婚的梁光明。

她一下子懂得了荷西此刻的感受，可是他毕竟太年轻，没有人知道六年的光阴将会把人和世界变成怎样的模样，她不敢轻易接受荷西的承诺，却又不敢直接拒绝。她太知道被拒绝的滋味，可是如果暧昧不清，这个单纯的男孩也许真的会痴痴地等待着自己。

三毛只好委婉地告诉荷西,她整整比荷西大了六岁,在中国,女孩子比男孩子大太多是不吉利的,所以他们不能在一起。

可是对于荷西,年龄无法成为阻碍爱情的因素,面对他的执着,三毛只好狠了狠心,大声向荷西吼道:"荷西,我们分手了。"她甚至禁止荷西再去学校找她,毕竟痛苦一时,好过痛苦一世。

荷西的反应出乎三毛的意料,痛苦的表情在他的脸上稍纵即逝,一抹好看的微笑很快又挂在了他的脸上。他用温柔的语调对三毛说:"Echo,我会听你的话,我不会再来纠缠你,如果你相信,请等我六年吧。但是现在,让我一直看着你的脸,选择我自己离开的方式吧。"

荷西用手指在空气中画出了一颗爱心,眼中已经饱含热泪,可是脸上依然挂着好看的微笑。他后退着离开,一面后退,一面挥手和三毛再见。泪水模糊了三毛的视线,她看到荷西的容貌在她眼中渐渐变得模糊。

直到再也看不清三毛的容貌,荷西突然转身,快速奔跑了起来。荷西的身影很快在树丛中消失。三毛的眼泪夺眶而出,她只能在心里默默地与荷西说着对不起。三毛没有对荷西说再见,因为她从未想过,此次分离,还能再见。

原来从梁光明那里受到的伤,依然未能痊愈。三毛似乎失去了爱一个人的能力,她的身边总是出现一个又一个爱慕者,三毛可以和他们成为男女朋友,却没有任何一个人让她重新找到爱的感觉。

也许,三毛早已经爱上了荷西,只是她自己未曾发觉。自从荷西离开,有太多的男人向她表达爱慕之情,这些人中有日本人、美国人、英国人,还有德国人。周旋在这些爱慕者中间,年轻的三毛可以满足被人追求的虚荣心。可是她也知道,自己不可能永远像一只花蝴蝶一样在不同的男人之间飞来飞去。

既然没有爱情，索性就选择优越的物质条件。三毛选中了一个家境优越的日本男生，他对三毛就像荷西一样殷勤，不同的是，他不会陪着三毛到处寻找垃圾，而是送给她鲜花、巧克力和昂贵的礼物。

那个日本男生认为，如此炽热的付出一定会俘获三毛的心。一天，他忽然送给三毛一辆价值不菲的豪华轿车，他说，这是送给她的订婚礼物。直到这一刻，三毛才终于清醒，原来她一直认为的游戏被别人当了真。她清楚地知道，自己对这个日本男生的情感绝对不是爱情，她只是喜欢被人呵护的感觉。当爱情遭遇婚姻，三毛不知道该如何回答，情急之下，她的眼泪扑簌簌落下。

三毛的眼泪让日本男生慌了神，他看出了三毛的拒绝，却丝毫没有责怪，反而认为是自己做得不够周到。于是，他温柔地安慰三毛，告诉三毛，如果还没有做好结婚的准备，他愿意等，等三毛玩够了再来做他的妻子。

听到这个日本男生的话，三毛如释重负，她如同逃跑一般消失在日本男生的面前，再也没有出现。

三毛很快换了男朋友，连她自己也数不清，在马德里读书期间她究竟换了多少个男朋友。偶尔她也会见到荷西，只是每一次遇见，陪在她身边的都是不同的男人。她没有看出荷西眼中的忧伤，只是沉浸在一段段如同游戏般的恋情当中。

因为从小家境优越，三毛对金钱没有太多概念。父亲每个月会寄给她一百美金，其中的六十美金必须交给学校作为食宿费用，剩下的四十美金完全供三毛自己支配。对于一个留学生来说，这些钱已经是一笔不小的数目。

三毛从不存钱，这些钱总是被她随意挥霍在自己感兴趣的地方。她交往的男朋友也个个都是有钱人家的孩子，两个有钱人凑在一块，生活自然过得丰富多彩。

她在马德里交往的最后一个男朋友是一个德国男孩。三毛喜欢他深蓝色的眼睛，看着他的眼睛，三毛可以感受到内心的宁静。这个德国男孩与三毛所有的男朋友都不同，他不会带着她四处疯玩，反而是时刻督促着她的学习。

德国人是出了名的认真和严谨，这个男孩有着坚定的梦想，他要成为一名外交官，为了这个梦想，他可以付出艰苦的努力。

他对梦想的执着也感染了三毛，她决定和男朋友一同回到西柏林，那里是他的故乡，三毛愿意和他一起去那里进修。

在西柏林自由大学，三毛取得了继续学习哲学专业的资格。不过，德国的大学对留学生在语言方面的要求十分严格，在成为一名西柏林自由大学正式的留学生之前，三毛必须拿到歌德学院的德语合格证书。

三毛开始了疯狂补习德语的生活，在她的记忆中，似乎从来没有像现在这样把学习当作生活的重心。严谨的德国男友时刻向三毛传授着学习德语的技巧，用一种近乎严苛的方式为三毛安排好一切有关学习德语的作息时间。

他甚至要求三毛在睡觉之前还要用耳机收听德语节目。为了不让三毛分心，男友再也不肯安排任何约会，一向爱玩的三毛虽然不满，却拗不过男友的固执。看着他深蓝色的眼睛，三毛仿佛在里面发现了一个恶魔，它吞噬了三毛全部的自由。这样枯燥刻板的生活，让她萌生了逃离的念头。

爱情本应是一条笔直的大路，一旦中途出现转角，蓦然回首，将发现曾经的美好全都掩藏在了转角的那一头，无处寻找。

梦乡 | 在撒哈拉收集浪漫时光

每想你一次,天上飘落一粒沙,从此形成了撒哈拉。
每想你一次,天上就掉下一滴水,于是形成了太平洋。

收纳一段珍贵的时光

　　人之所以有忘不掉的回忆，是因为把自己留在了过去。幽深轮回的红尘中，唯美的过往统统收纳进心房。光阴改变了人的模样，却改变不了心中收纳的那些珍贵的时光。

　　三毛是浪漫的，也是胆小的。她害怕一切让自己感到有压力的人和事，更害怕生活变成一杯单调的白开水。可是在严谨得一丝不苟的西柏林，三毛每天过的就是这样的生活。热情的三毛与这座城市越来越格格不入。

　　每天早晨，三毛都会乘坐公共汽车去学校。这样的生活日复一日，每一天都仿佛在重复昨天的生活。她的学校就坐落在西柏林最繁华的一条大道上，那里云集了数十家百货公司。为了调剂一下自己的生活，三毛总是提前一站下车，用最快的速度逛一圈百货商店，然后再步行前往学校。

三毛在西柏林的生活不仅毫无乐趣，就连生活品质也无法保证。这里的消费比马德里高，虽然父亲已经适当地增加了生活费，可三毛的手头依然经常拮据。

日子一旦需要在忍受中度过，就完全丧失了应有的味道。三毛越来越无法忍受这种单调的生活，德国男友的一切语言和行为，都变成了对三毛自由的束缚。

其实，男友对她的严格要求，也是太希望她尽快通过考试，永远地留在自己身边。可是随意率性的三毛最害怕这种无形的压力，她的叛逆情绪再次作祟，终于在一次考试中，取得了很差的成绩。

这又让德国男友找到了斥责三毛的理由，为了这件事，几乎一整个星期三毛都要在男友的责怪中度过。一场剧烈的争吵无法避免，三毛再也不想见到他，索性约了一位住在东柏林的朋友，去他家里做客。

东柏林与西柏林虽然只隔了一道柏林墙，可是三毛的台湾护照却不具备去往东柏林的资格。幸运的是，她的魅力吸引了一名负责办理签证的英俊的德国军官，在三毛办理手续的过程中，他如同护花使者一般寸步不离。

手续很快就办好，那名军官把三毛送到站台，三毛却迟迟不愿上车。她知道，上车就意味着分离，也许再也无法见面。在火车开动前的最后一刻，德国军官把她推上了火车。这不过是生命旅程中短暂的一次相逢，他们注定是彼此生命中的匆匆过客，分开也是必然的结局。

自从这一次独自前往东柏林之后，三毛开始习惯了一个人的旅行。虽然少了和身边的人牵手看夕阳的浪漫，却可以让自己的脚步随性地选择前行的方向。这种无拘无束的自由，似乎比浪漫的爱情更加可贵。她纵情地享受着独自旅行的惬意，从未迷失过自己的归途。

直到三毛离开的那一刻，她的德国男友才终于感到一丝后悔。不过，任何事情都无法阻止他对梦想的追求，一年的努力之后，他终于梦寐以求地成为一名外交官。三毛这个名字，也终于再次回到他的意识当中。

一次逛街，这名德国男孩把三毛带到了结婚用品区域。走在一床床美丽的床单前面，男孩委婉地问三毛，是不是可以买一条两个人一起用的双人床单。

他的确不是一个浪漫的人，就连求婚都采用了最实际的方式。但三毛的生活中，早已经没有了他。听到他的话，三毛只是平静地摇了摇头。西柏林不是她的最终归宿，她流浪的脚步还没有开始，怎么可以停歇？

三毛已经决定了离开，离开一个错误的人，离开一段变了味道的生活。这位德国男孩再一次把他的执着用在了等待上，他一直在等待三毛的回心转意，这一等就是二十年。

这二十年里，他消耗掉了自己的全部青春，可是在三毛的回忆当中，他依然是那个毫无激情、生活刻板的男人。多年以后，他已经成为声名赫赫的驻外大使，人们眼中的他，是一个充满绅士风度又懂得恰到好处的幽默的人。也许是因为在不重要的人面前，他反而可以表现出放松的样子，也许是他本就不是个无趣的人，只是因为对三毛要求太严格，才让三毛关于那段日子的回忆并不美好。

无论如何，他们都不是彼此的天使，注定无法彼此守护一生。离开了西柏林，三毛去了美国。那是一个更加自由的国度，三毛希望自己可以在无拘无束的氛围里度过一段快乐的时光。

在美国的伊利诺斯大学，三毛成为一名主修陶瓷的学生。虽然《人鬼情未了》这部电影在当时还未上演，但是制作陶瓷时那种滑腻的触感和天马行空的想象，让三毛痴迷不已。

在美国，三毛本以为自己不是孤身一人，她的堂兄也在美国留学，她想要去投奔他，毕竟亲人之间的相互安慰可以抵挡任何寂寞。但没想到，在堂兄那里，三毛碰了一鼻子灰。他觉得三毛是个不具备生活能力的人，一定找不到任何工作，他自己的收入也不高，唯恐三毛会成为他的负担。

一气之下，三毛转身离去。在美国期间，她没有再见过堂兄一次。她找到了一份在图书馆里为图书分类的工作，文字依然是三毛的最爱，这份工作也让她有了不少读书的机会。她也为自己找到了住处，与两个美国女孩合租一套公寓。

三毛承认自己不是一个安分守己的女孩，她喜欢玩乐，也喜欢享受优越的物质条件。不过，她从不容许让自己变得堕落，哪怕是看到别人不珍惜自己，她也会果断地离开那个人。

一天晚上，三毛站在公寓的门口，却无论如何打不开门，她以为自己的钥匙出了问题。房间里传来十分诡异的音乐声，除了音乐，却听不到任何人说话的声音。她本以为房间里没有人，却又抱着试试看的心态用力敲门。敲了许久也不见有人开门。就在三毛打算放弃的时候，门缓缓地被打开了。

来开门的是一个完全陌生的女孩，她的脸上化着浓妆，几乎看不清本来的容貌。她眼睛上涂抹着闪亮的金粉，在灯光下晃得三毛头晕。当她的视线再次聚焦，这才惊讶地发现，那个女孩全身上下竟然没有一丝可供蔽体的衣物，全身赤裸的她，就那样坦然地面对三毛惊讶的目光。

进门之后，三毛看见客厅的地板上竟然躺着二十多个人，有男有女，全是没有穿衣服的年轻人。这样的他们让人看不出丝毫美感。如果不是他们嘴里叼着的烟卷还在不断地冒着白烟，三毛真的以为他们就是一群尸体。

三毛在空气中闻出了大麻的味道，在大麻的刺激下，这群男女做着一系列让人不堪的举动。三毛虽然并不保守，可对她来说，性依然是一件神圣而又美好的事情，她无法容忍这种随意的滥交，很快就搬离了那座公寓。

二十八岁的三毛，已经不再是一名年轻的少女，她的身边依然有很多追求者，其中一名还是堂哥的朋友。他每天无微不至地关怀三毛，准时送来精心准备好的午餐。装着午餐的纸袋里，一定装着一个三明治、一个煮鸡蛋，还有一个新鲜的苹果。三毛明白他的意思，却也无法忽视自己的内心感受。

不过，三毛更希望假装若无其事，让堂兄的朋友看出自己对他并没有感情，然后默默放弃。于是，三毛也没有拒绝他送来的午餐，与他一起吃午餐的时候，也假装什么都不知道。

忽然有一天，堂兄的朋友忽然说："现在我照顾你，等哪一年你肯开始下厨房煮饭给我和我们的孩子吃呢？"三毛终于知道自己再也假装不下去了。为了避免日后更大的伤害，她只好当面拒绝了堂兄的朋友。

三毛想要的婚姻，必须纯粹到只有满满的爱情，如果不具备这个条件，她不会和任何一个人轻易开始。拒绝了堂哥的朋友之后，三毛忽然有些想家。她的确离家太久了，也许回到父母的怀抱可以让她重新整理心情，人生也许会有一个完全不同的开始。

锻造独特的生命奇遇

回到故乡之后才会发现，一直令自己痴迷和眷恋的，永远是故乡的山水和故乡的人。自己的过去留在故乡中的剪影，依然缤纷着四季的色彩，明媚了年复一年的花红柳绿。

想家的三毛，终于又踏上了台湾的土地，她厌倦了做异乡人的滋味，没有相爱的人陪伴，终日漂泊的心，难免感到疲惫。她宁愿回到家中，在父母的膝下继续做一个倍受疼爱的女儿。一身的疲惫，在见到父母的那一刻终于统统被洗去。

故乡的柳树依然娉婷，像极了离家之前那个美丽的少女。如今，二十九岁的三毛已经彻底告别了少女的头衔。尤其是看到与自己同龄的兄弟姐妹们都已经有了家室，她更加渴望一段属于自己的婚姻。

回到故土，三毛不禁又回忆起与梁光明的那段恋情。想到他，三毛的心中又萌生出一丝幻想。也许梁光明也依然单身，如果是这样，她就再主动一次，说不定这一次梁光明会愿意娶自己。

如此疯狂的假设，三毛并没有真的付诸行动。她在家乡的一所学校里成为一名德语老师，偶尔也会给出版社写一些文章，赚取一些稿费。生活变得缓慢而又悠闲，闲来无事时，昔日的同学再一次出现在三毛的身边。

一次同学聚会，三毛无意中得知了梁光明已经结婚生子的消息。心头的最后一丝幻想破灭，她虽早有心理准备，却也依然难以面对残酷的现实。

三毛是学生们最喜欢的老师，孩子们尤其喜欢她在外国游历期间各种各样的传奇经历。可她也是最孤独的人，孤独到连一个能说心里话的朋友都没有。她只好在咖啡馆里排遣寂寞，一个名叫"明星咖啡屋"的地方，被三毛当成打发无聊时间的最好场所。

这间咖啡馆很受文艺青年和艺术爱好者的喜爱，有时候，这里的人多得连空闲的位子都没有。一次，因为咖啡馆中的客人太多，三毛只好和一名陌生的男子共用一张桌子。不知是为了避免尴尬，还是对三毛产生了兴趣，男子开始主动和三毛交谈。

最初，两人的谈话还有些寒暄客套的意味，可是聊着聊着，男子开始讲述自己的经历。三毛这才知道，他是一名落魄的画家，他的怀才不遇全都写在双眸之中，从他的眼神中，三毛竟然看出一抹淡淡的忧伤。

热爱艺术的女子，总是会对落魄的艺术家产生无限的同情，三毛也没能幸免。她从最初的同情，渐渐转变成盲目的爱情，她深深爱上了男子身上的艺术气息，想要用自己的爱去帮助他重建对艺术的信心。

男子对三毛也毫不吝啬溢美之词。也许是在上一个德国男友身上，三毛遭受了太多否定，因此对于男子的夸奖，三毛已经无暇去辨别他话中的真伪。一个渴望爱情和婚姻的女子，遇上了一个愿意给她任何承诺的男人，三毛误以为自己遇上了幸福。

可惜，男子口中的一切都是假象。他早已是一名有妇之夫，三毛不仅被他欺骗了感情，更在他的要挟之下，用一栋房子换回了自己的自由。

她不知道从什么时候开始，原本最美好的爱情，竟然被目的不纯的人当成了欺骗用的武器，原来所谓的岁月静好，也不过是书本中才会出现的事情。

好在，父母就在她的身边，在父亲的安慰和鼓励下，三毛很快就走出了这段失败恋情的阴影。为了让三毛的心情早些好起来，父亲开始经常带着她去打网球，一段早已准备好的爱情，就在网球场的一端等待她的到来。

在网球场上，三毛遇到了一名德国教师。见到他的第一面，三毛就隐约觉得似曾相识，可是仔细想来，却又不记得什么时候在哪里见过。也许这就是对一个人产生好感的征兆，两个人很快熟络起来，并渐渐发展到谈婚论嫁的地步。

虽然德国教师比三毛大了十几岁，却丝毫没有影响三毛的母亲激动的心情。没有什么比女儿要嫁人更值得高兴的事情。因为比三毛大许多，这名德国教师对三毛十分宠爱。他的性格温和，收入和家境都不错，似乎这是上天给三毛的最好的安排。

她知道，这名德国教师可以给她想要的幸福。她很快答应了他的求婚，并且第二天就开始准备婚礼需要的物品。

他们一同去挑选了一张婚礼用的卡片，并且定做了一面中文一面德文的版本，两个人的名字紧密地挨在一起，刻在卡片上。为了准备婚礼用品，两人忙了一天。到了晚上，两个人躺在床上，轻声地聊着彼此的过去，畅想着共同的未来。

在美好的畅想中，两人一同沉沉睡去，只是，醒过来的却只有三毛一个人。因为心脏病突发，她的未婚夫在夜里离开了人世。他的表情依然如同睡着了一般平静，可是不再起伏的胸膛和冰冷的身体向三毛证明着这段婚姻将永远也不会开始。

如果这只是一场噩梦，三毛多希望自己能快些醒来。她从未想过，天人两隔只需要一个梦的时间。她扑在未婚夫的遗体上，用眼泪与喊叫来宣泄内心的悲伤，家人们一次次把她拉开，她又一次次地扑上去。

她已经记不清自己在未婚夫的遗体旁边哭了多久，只记得耳畔仿佛传来一阵声响，仔细听来，似乎是有人在耳畔轻轻诉说："随他去吧，痛苦会少一些。"

听到这句话，三毛一下子平静了下来。她静静地回到了房间，锁上了卧室的房门。三毛越是安静，母亲就越是感到隐隐的不安。这种不安驱使着她在三毛的门口不停地呼唤，可是里面久久不见回应。

从三毛卧室的窗户缝隙里，母亲忽然看到了扔在地上的安眠药瓶，里面已经空空如也，不用想也知道，三毛一定是又做了傻事。

母亲的痛哭引来了众人，大家手忙脚乱地把三毛送到了医院，她再一次活了过来。可是，如果可以自己选择，她宁愿随未婚夫一同去往另一个世界，独自活在人世，又何尝不是一种折磨？

离去的人，在人间留下了一首缠绵的悲歌，活着的人，在哀伤的歌词中，目送着一个离去的背影，岁月凄凉，思念难耐。

重逢之下的点滴欢喜

时光的轮盘婆娑轮转，有些人只留下简短的记忆，便匆匆离去，然而前世的约定，注定要在今生偿还。到了约定好的归期，终究还是要将未来拉回到一度想要遗忘的昨天。

不知道三毛有没有忘记六年之前那个飘雪的夜晚，年轻而又英俊的荷西在马德里对自己许下的约定。可以确定的是，荷西没有忘记，上天也没有忘记。

眼看六年的约定将至，荷西从西班牙给三毛写了一封信，托一位朋友带到了三毛在台湾的家里。朋友来找三毛时，她刚好在与德国未婚夫挑选结婚用的物品，直到一切准备就绪，三毛才不紧不慢地回到了家。

在把信交给三毛之前，朋友问她还记不记得一个名叫Josequer Orulz的人，因为写信的人特意叮嘱过，如果三毛不记得，这封信就没有拆开的必要。

三毛无论如何都不会忘记，这是荷西的西班牙名字。虽然她不愿遵守六年之约，可是那个明媚的少年永远都不会从她的记忆中被抹去。

于是，三毛迫不及待地拆开了信封，一张照片一下子从信封中滑了出来。照片中是一个赤裸着上身的魁梧男子，他正弯着腰去抓一条海里的鱼，阳光在他的身上镀出一层神圣的金色，手臂上虬结的肌肉和脸上俊朗的棱角像极了希腊神话中的海神。

三毛看着照片发了一会儿呆，照片中的形象无法和她记忆中的荷西对上号。她记忆中的荷西，还是一个穿着牛仔裤、带着棒球帽的高中生，时间究竟具有怎样的魔力，短短六年的时光就能让一个青涩的男孩蜕变成一个成熟的男人？

荷西如今的外形可以让任何女孩为他着迷，看着他的脸庞，三毛一下子恍然大悟，原来未婚夫的长相与荷西如此相似，难怪从一开始她就觉得与未婚夫似曾相识。

有些事原本已经埋在记忆的沙丘之中，没想到却已经在心底深深地扎根。三毛一瞬间有些恍惚，不知道自己对未婚夫的爱是否源于对荷西的好感。于是，她展开了信纸，想要看看当年的"表弟"对自己说了些什么。

信是用西班牙文写成的，上面写道：

　　过了这么多年，也许你已经忘记了西班牙文。可是我要告诉你一个秘密，在我十八岁那个下雪的晚上，你告诉我，你不再见我了，你知道那个少年伏枕流了一夜的泪，想要自杀？这么多年来，你还记得我吗？和你约的期限是六年。

一封信唤醒了三毛心底悄然逝去的一抹深情，不过，当时她正在精心准备自己的婚礼，知道自己和深情的荷西再也没有任何可能。于是，她只好托朋友向荷西捎去了一句感谢的话，然后便把荷西当作生命里一朵璀璨的烟花，虽然不舍，却也只能无奈地让他消失在自己生命的轨迹里。

当未婚夫的生命在自己的怀抱中消失，台湾这片故土，再一次成为三毛的伤心地。似乎在这里多停留一天，无边的悲伤就会张牙舞爪地想要将她吞噬。为了逃离悲伤，三毛想到了西班牙，那片热情的土地曾经被她当作自己的第二故乡，她对那里毫不陌生，也许再次前往那里，生活又会是一个全新的开始。

于是，三毛背起行囊，重新投向马德里的怀抱。她并没有想过会再见到荷西，只是希望马德里的热情，能够融化她内心的冰冷。

这似乎是一场说走就走的旅行，只不过，旅行的开端似乎有些不顺利。从台湾到马德里，需要在英国伦敦换乘飞机。因为订票不慎，三毛选错了换乘飞机的机场，导致下飞机之后，要马不停蹄地赶往另一个机场，才能飞往马德里。

好不容易赶到正确的机场，办理签证时却出现了问题。英国移民局把三毛当成了一名偷渡客，不容她解释就把她关进了看守所。三毛从没有进过看守所，可是如今，她早已不是那个羞怯自卑的小女孩，她正怀着一腔悲愤无处发泄，在看守所里，三毛大喊大叫，尽情宣泄着心中的苦闷。

她一会儿冲进拘留室，让警卫赶快放了自己，一会儿又大声喊着要找律师控告移民局。整个移民局被三毛搅得没有一刻安生，他们终于决定把三毛释放，并且用专车把她送上飞机。

从移民局去机场的一路上，三毛仿佛变成了另一个人，周身释放着高贵而优雅的气息，移民局的工作人员不禁惊诧，甚至怀疑刚才在移民局大喊大叫的疯女人究竟是不是她。

尽管经历了一番小小的波折，三毛终于还是踏上了马德里的土地。时隔六年，三毛身上的锋芒统统被光阴带走，她变得温润而又忧郁。马路上狂欢的人群，也不能像当年那样能撩拨起她兴奋的神经，她只在一旁默默观看，不再加入狂欢的队伍。

六年前，三毛还会站在马德里的街头不羁地吸着烟，如今她依然伫立在街头，只是手中的香烟早已不见，她默默地看着面前经过的人流，一瞬间竟然有些恍惚，仿佛从不曾离开，又仿佛分别了一个世纪。

人生翻开了全新的一页，为了让心底的伤口尽快恢复，三毛必须主动忘记过去。她在马德里找了一份工作，教小学生英文，工作很轻松，每周只需工作四个小时，薪水自然不高，不过却可以自由安排业余时间。

在热情的西班牙，伤口似乎正在以加倍的速度平复，生活在这里，总是不愁打发寂寞的时间，因为总是有各种各样的活动等待着人们去参与。

三毛和三个单身女孩合租在一套公寓里，她们身上的年轻活力感染了三毛。她们常常相约去看电影、唱歌、喝酒，有时候也会穿上漂亮的礼服，挽起高贵的发髻，学着上流社会的人们，去听一场高级的音乐会。

从这样轻松的生活中，三毛终于重新找回了自己。伤痛已经离她越来越远，荷西的脚步却离她越来越近。

荷西已经苦苦等待了六年，再有一个月，他就要结束服兵役的日子。离开军营的那一天，就是他要赶赴六年之约的日子。执着的荷西怀着一片痴心，自从看到三毛第一眼，他就已经认定永远不会辜负这个有着精灵般双眼的东方女孩。

荷西已经开始畅想与三毛重逢的场景，他打算进行一场盛大的告白，可是天性羞涩的他却不知该怎样开始。

荷西有一个名叫伊丝帖的妹妹，她知道哥哥对三毛的感情。看着哥哥着急却又没有勇气的样子，她决定为哥哥做些事情。

三毛的那位中国朋友依然住在荷西家的楼下，当她再一次来朋友家做客的时候，一直在等待三毛到来的伊丝帖叫住了她。伊丝帖央求三毛给荷西写一封信，三毛并不想勾起荷西的幻想，只好谎称自己忘记了西班牙文。

可是这个小姑娘似乎和哥哥一样执着，她告诉三毛，无论什么语言，只要是她亲笔写的信就好。三毛只好无奈地用英文写下"荷西，我回来了"。在信的最后，还附上了自己的地址。伊丝帖如获至宝，兴奋地把信寄到了军营。

三毛的来信轰动了整个军营，那里的每个人都知道荷西与这个东方女孩的故事，他们也知道荷西的六年约定。他们与荷西一样兴奋，都迫切地想要知道信里面写了些什么。可是打开信封之后，荷西却发现自己看不懂三毛写的字，传遍整个军营，也没人能看出上面写的内容。虽然有些失望，荷西却依然激动。

他赶忙精心准备了一封回信，信上没有文字，只贴着荷西剪下来的漫画，旁边还勾勒着一个漫画剪影，标注着那就是荷西。

似乎这样一封回信还不足以表达荷西迫切想要见到三毛的心情。把信寄出去之后，荷西又给三毛打去一个电话，他说，23日就是他离开军营的日子，到时候，他要去马德里看望三毛，希望她一定要等着自己。并且特意将这句话重复了许多遍，仿佛是在告诉自己，三毛一定会等在那里。

可是，大大咧咧的三毛终究还是忘记了荷西的归期，那一天，她当成了一个再普通不过的日子，和朋友一同在外面逛到很晚才回家，根本不记得荷西在电话里和自己的约定。

直到天黑，三毛才回到公寓，一进门，室友就告诉她，一连十几个电话都在找她，似乎是有什么重要的事情。三毛却丝毫没有想起来有什么重要的事，正在这时，电话再次响起，原来是三毛的朋友，她说有急事，要三毛马上赶到她家里。

三毛没有多想，马上坐出租车赶了过去。到了朋友家里，还没有进门，朋友就要求她闭上眼睛，神情中写满了神秘。她就这样闭着眼睛坐在沙发上，不知道朋友在为自己准备怎样一场惊喜。

多年以后，三毛在文字中回忆了这个让她永生难忘的惊喜：

当我闭上眼睛，听到有一个脚步声向我走来，接着就听到那位太太说她要出去了，但要我仍闭着眼睛。突然，背后一双手臂将我拥抱起来，我打了个寒战，眼睛一张开就看到荷西站在我面前，我兴奋得尖叫起来，那天我正巧穿着一条曳地长裙，他穿的是一件枣红色套头毛衣。他揽着我兜圈子，长裙飞了起来，我尖叫着不停地捶打着他，又忍不住捧住他的脸亲他。站在客厅外的人，都开怀地大笑着，因为大家都知道，我和荷西虽不是男女朋友，感情却好得很。

荷西的容貌已经发生了巨大的变化，脸上的大胡子向三毛证明着他再也不是当年那个青涩的少年，可是他注视三毛的眼神，一如当年那般清澈干净。曾经一段美好的相遇，留下了一个没有结局的结局，如今再次重逢，就是要将那段未了的前缘重续。

热情的沙漠，浩瀚的海洋

在有情人的心里，始终有一道爱人的剪影。她的容貌无须艳丽，微微一笑，却足以倾城。每当想起，就能融化心头的冰霜，驱散心底的寂寞，缠绵的情意久久不会消逝。

对于荷西来说，三毛就是这样一个存在。六年的时光是那样漫长，虽然三毛早已忘记荷西的六年之约，却鬼使神差地如期赴约。也许这就是上天的安排，痴情的荷西最心爱的姑娘，终于又重回到他的怀抱。

历经几番辗转，三毛本以为自己的生命中已经注定不会再有爱情，直到与荷西重逢，她才知道，原来之前的坎坷，只不过是为了等待最后的归宿。她更加没有想到，原来在内心深处，她是那样思念荷西。

看着面前这个满脸大胡子的男人，三毛的思绪飘回到六年前。那时候，荷西还是个充满童心的孩子，三毛还称呼他为Jose。他请求三毛为自己取一个中文名字，三毛居然脱口而出"和曦"两个字。也许是看到他，三毛的心中就会涌起阵阵暖意。

荷西很快就学会了这两个字的发音，他一面说着好听，一面又央求三毛教他写这两个字。"和"字的笔画少，很容易学，轮到"曦"字，这个从小就生长在西班牙的外国男孩无论如何也学不会。

他终于忍不住告诉三毛，自己很笨，考试的成绩经常不及格。看着他可怜兮兮的眼神，三毛想起了小时候学写"懋"字时的情景。那时候的自己，不是也自作主张地省略了这个字吗？于是，三毛决定换两个同音字。

当看到"荷西"两个字时，荷西的双眼再次出现了温暖的笑意。时光的长镜头又将三毛的记忆拉回了现实，如今的自己，竟然又依偎在荷西温暖的怀里。

他依然没有学会写中文，却学会了航海与潜水。如今的荷西，仿佛真的成为一名"海神"，充满了保护心爱女子的力量。三毛也早已不是当年那个狂放不羁的女子，她变得更加柔和，甚至更加疲倦，疲倦得似乎已经失去了爱的力气。

无聊的工作同样让三毛感到疲倦，写作原本是她最大的爱好，如今却成为谋生的手段。当一个热爱写作的人变成了生产文字的机器，任凭想象力再丰富的人，也再不复往日的灵感与激情。

这样的生活让三毛感到厌倦，有时候，为了给杂志社赶稿，她需要一连几天不能出门，陪伴着她的只有钢笔在纸上发出的沙沙声。一次与荷西在公园中散步，三毛忽然说起自己的稿子还没有写完，有些苦恼。荷西却依然扬起温暖的微笑对她说："我觉得那些被关在方盒子里办公、对着数字的人，才是天底下最可怜的。如果让我选择，我一定要做那树上的人，不做那在银行上班的人。"

一番话忽然让三毛豁然开朗，自由才是她一直苦苦寻觅的东西。当天晚上回到公寓，三毛就写了一封辞职信，简单的一句"对不起，不干了"，成为她重返自由的宣言。

自从三毛的身影出现在眼前，就惊艳了荷西的整片天空。三毛只知道他痴情地等待了自己六年，却不知道荷西对她的爱已经深到什么程度。

直到有一天，荷西提出请三毛去家里做客，那一天的荷西与以往似乎有些不同，平日总是笑呵呵的脸上，挂着一丝郑重的表情。三毛不知道这是为什么，却也没有多问，直到推开荷西房门的那一刹那，三毛被房间中的景象震惊了。

房间的墙壁上,满满地贴着三毛不同时期的照片,照片中的她,穿着不同的服装,梳着不同的发型,脸上带着不同的表情,身体做着不同的动作。这些照片重叠在一切,仿佛就是三毛这六年来的心路历程,一幕幕往事如同电影画面般在她的眼前重现,如果要为这部电影取个名字,一定叫作"爱情"。

满满的几面照片墙,饱含着荷西满满的爱意。三毛轻轻地拥抱住荷西,柔声问他照片都是哪里来的。刚刚还是一脸郑重的荷西,仿佛忽然间变成了一个做错了事的孩子,他羞涩地告诉三毛,这些照片全部是从她的朋友家"偷"来的。

自从三毛走后,荷西经常去那位朋友家做客。他知道三毛经常寄来照片,朋友每次都把照片放在一个盒子里。于是他悄悄地把照片偷出来,拿去照相馆放大,再把原来的照片偷偷放回去。

被荷西彻底感动的三毛深情地说出一句:"你是不是还想结婚?"惊呆的荷西忘记了回答,缓过神来之后,止不住地拼命点头。他担心一个不留神就会错过突然降临的幸福,这时,又听到三毛缓缓开口。她告诉荷西,如今她的心已经支离破碎,无论怎样修补,这些伤痕都无法彻底痊愈。荷西将三毛的手轻轻放在自己的胸口,说自己有一颗黄金做的心,他愿意与三毛交换。

荷西多么希望三毛现在就成为自己的妻子,可是三毛还有一个愿望没有达成。她曾经在《国家地理》杂志上看到过撒哈拉沙漠的荒凉和壮阔,只需看上一眼,就勾起了三毛前世的乡愁。

她曾默默许愿,要成为第一个穿越撒哈拉沙漠的女子。她的愿望刺痛了荷西,因为荷西也有梦,他的梦在浩瀚的大海,他甚至梦见过与三毛一同徜徉在爱琴海的海面上,张开双臂,拥抱海神的故乡。

当沙漠遭遇海洋,总有一个人要选择退让。这一次退让的,依然是荷西。他无法再忍受等待下一个六年,三毛是他最大的梦想,为了她,荷西宁愿把梦中的天堂从海洋迁徙到沙漠。

执子之手，和你一起去流浪

唯美的青春，有时候就要不计后果地恣意挥霍，为了寻觅一段幸福，也不得不迈开流浪的脚步。

三毛把撒哈拉沙漠当作自己前世的记忆，她为自己制订了一年的计划，想要寻找前世的乡愁。除了父亲，荷西是唯一一个义无反顾支持三毛的人。他支持得那样彻底，甚至先三毛一步来到了撒哈拉，在隶属于西班牙的沙漠地区找到了一份在磷矿公司的工作。

作为三毛的灵魂伴侣，荷西知道，一旦她做出什么决定，任何人都难以改变。与其试图扭转她的想法，不如提前为她打理好一切琐事。当三毛知道荷西的决定时，他已经坐上了飞往撒哈拉的飞机。

她并不愿意荷西为了自己放弃他的梦想，只好写信劝道："你实在不必为了我去沙漠里受苦，况且我就是去了，大半时间也会在各处旅行，无法常常见到你。"

荷西的回复是那样坚定，他不仅决定留在撒哈拉沙漠，更是在信中对三毛求婚："我想得很清楚，要留住你在我身边，只有跟你结婚，要不然我的心永远不能减去这份痛楚的感觉。我们夏天结婚好吗？"

如果换作六年之前，三毛很可能将这封信一笑置之。如今，她已经知道荷西在自己心中的分量，更知道荷西是多么看重两人之间的感情。她必须要认真考虑荷西说的话，结婚不是一件小事，三毛将那封信反复看了十遍，之后将它装进裤子的口袋，独自走到街上去整理思绪。

当她下定决心投奔荷西的怀抱时，时间已是深夜，同住的室友们早已入睡，三毛静静地整理行囊，又在桌子上留下钥匙和一张字条，就径自赶往机场。字条上只有简单的五个字:"我去结婚了。"

再见到荷西,已是分别的三个月后。当飞机降落在阿雍机场,荷西早已经等候在那里。短短三个月,却让三毛恍如隔世,因为面前的荷西,比离开之前沧桑了许多。漫天的黄沙在他的眼角雕刻出岁月的痕迹,脸被风沙吹得焦红,嘴唇也干裂开来。

三毛不确定这还是不是三个月前那个目光温柔的荷西,因为他的眼神中,明显多了一些忧伤。他的头发、胡子、衬衫和牛仔裤上,都挂着一层黄黄的尘土。三毛为荷西的变化而心痛,忽然意识到自己的想法是多么幼稚。

然而一切已经不能改变,如今变成了她为了荷西而必须留在这里。沙漠毕竟是三毛梦中的前世,虽然已经预感到未来的生活将无比艰辛,可她的心中还是滋生出掩饰不住的兴奋。

黄昏的落日在沙漠上染出一片如血般鲜红的颜色,没有风的时候,无边无际的沙漠是那样浑厚与安静,当狂风骤起,卷起的黄沙又无比雄浑。荷西温柔地说:"你的沙漠,现在你在它的怀抱里了。"

一句话给了三毛无穷的力量,她坚定了与荷西的未来,任由荷西扛起行李,朝家的方向走去。

半个月前,荷西就为两个人租好了房子。三毛的行李十分沉重,里面还有很多她珍爱的书籍,从机场到家有很远的路,两个人却一直找不到愿意载他们一程的汽车。他们只好沿着沙路慢慢地走着,足足走了四十分钟,才看到有人生活的痕迹。

家就在不远的前方,三毛看到了一座座沙哈拉威人的大帐篷,还有他们饲养的骆驼和羊群在沙漠上随意游走。他们的帐篷大多千疮百孔,身上的衣服大多是充满异域风情的深蓝色布料。恍惚之间,三毛觉得自己仿佛来到了另一个世界,这种感觉妙不可言,异域的文明让她这个"异乡人"感到莫名安详。

荷西租下的房子在阿雍城的外围，小小的房子就在一大片垃圾场的对面，有着长圆形的拱门。三毛的到来让荷西有些兴奋，他一面带着三毛奔向这座房子，一面高声说着："到了，这就是我们的家。"

沙漠的狂风似乎在与荷西一同庆贺，三毛的头发和裙子在狂风中剧烈地摇摆、抖动。从荷西打开的房门望进去，三毛只看到一条昏暗的短走廊，还没缓过神来，双脚就一下子腾空而起，荷西的声音出现在耳边："我们的第一个家，我抱你进去，从今以后你是我的太太了。"

这一刻，三毛忘记了房子的破旧，心中流淌过一股暖暖的幸福。进入房间，她迫不及待地挣脱荷西的怀抱，想要好好参观一下未来的家。这个"家"并不算大，只有两个房间，稍大的一间也不过能让三毛走上四五大步，小的房间除了放下一张床，就只剩下走路的距离。

沙漠人的房子让三毛啧啧称奇，因为这座房子竟然没有屋顶，房子的正中间屋顶上，是一个四方形的大洞。

生活离不开柴米油盐，看过了房间，三毛迫不及待地去检视厨房。沙漠中的厨房小得可怜，只有四张报纸铺开来的大小，肮脏的水槽仿佛几百年都不曾使用，里面不仅污黄不堪，还已经裂开。

卫生间里同样肮脏破旧，抽水马桶似乎已经是最让三毛感到安慰的生活设施，但里面的浴缸已经脏得让人无法使用。

为了不让荷西难过，三毛只好违心地说这房子还不错。可是她的声音明显带着心虚，发出的声调连自己都不愿意相信。她在房子里不停地走着，一面走一面思考该怎么把房子布置一下。

一阵不知从哪里吹进来的凉风一下子打乱了三毛的思绪，空心砖砌成的墙壁左上角，竟然破了一个大洞，冷风就是从那里钻进来的。

三毛低头看看地面，胡乱涂抹的水泥高低不平；抬头看看墙面，胡乱砌成的墙没有任何装饰，砖缝之间的黄泥还清晰可见；再仰头看向天花板，只有一个吊在电线下方的光秃秃的灯泡，是整间房子的照明工具。她仔细看向电线，竟然发现上面密密麻麻地落满了苍蝇。

三毛赶忙转移视线，试图从水龙头里放出些水来。可是，流出来的只有一些绿色的浓稠液体，流过之后，就再无一滴液体出现。

三毛强压住内心的失望，问荷西这座房子一个月多少钱，荷西回答要一万块，还不包括水费。一桶水的价格是九十块，还要提前到政府去申请。

三毛留意了周围的情况，在阿雍城边缘，除了破旧不堪的帐篷，几乎都是一样的房子。她知道荷西没有其他选择，除了觉得水费和房租略贵之外，自己似乎没有不满意的理由。

也许荷西看出三毛有些失落，他轻声问三毛，如果想要成为她的丈夫，需要有多少钱才可以。看着一脸认真的荷西，三毛又萌生出逗一逗他的想法，她用带着玩笑的口吻回答："看得顺眼的话，千万富翁也嫁；看得不顺眼的话，亿万富翁也嫁。"

荷西却听不出三毛的玩笑，他以为三毛希望嫁给一个有钱人，深情的眼神中有掩饰不住的失落。看到他的样子，三毛有些心疼，赶忙改口说："要是嫁给你的话，只要吃得饱饭就够了。"

说这句话时，三毛的语气无比真诚，荷西终于被她逗笑，却反过来开她的玩笑，问道："你吃的多吗？"三毛回答："不多。"荷西竟然像孩子一样在垫子上翻起了跟头，大声喊着："太好了，太好了，这下可以结婚了。"

两两相望，就是一份无言的欢喜，天长地久的相守，就是一份踏实的安宁。岁月已经带走了两个人身上的青涩，也许有朝一日，也会沧桑了他们的容颜，但是只要想到身旁相伴的这个人是荷西，三毛心中的甜蜜就没有任何言语可以形容。

浪漫｜在浩瀚沙漠的盛大之约

爱情如果不落到穿衣、吃饭、睡觉、数钱这些实实在在的生活中去，是不会长久的。真正的爱情，就是不紧张，就是可以在他面前无所顾忌地打嗝、放屁、挖耳朵、流鼻涕；真正爱你的人，就是那个你可以不洗脸、不梳头、不化妆见到的那个人。

别具一格的婚礼

爱的分子,弥漫在整个撒哈拉沙漠的上空,也回荡在爱人的眉梢眼角。如果能够将爱抓在手里,任谁都忍不住想用双唇去轻轻触碰。

爱情、爱人、家,一切构成婚姻的因素已经完全齐备,再有一场象征性的婚礼,三毛与荷西就可以共赴婚姻的殿堂。不过,三毛却希望荷西再给自己三个月的时间,她正打算学当地的沙哈拉威人横穿沙漠,等这个梦圆满之后,她再成为荷西的妻子。

荷西并不反对三毛的计划,不过他提出要和三毛一起到法院去问问结婚的流程。在沙漠中的西班牙法院里,一位满头白发的西班牙老先生接待了他们。结婚的手续似乎给这位老先生出了一个难题,因为按照当地的习俗,沙哈拉威人有自己举办婚礼的方式,从来不需要经过法院,更何况三毛与荷西要完成的是一段跨国婚姻。

老先生只好搬出厚厚的一摞法律书籍，眯着眼睛在书中搜寻了许久，终于找到了答案。他不紧不慢地念着法律书中的条文：

> 公证结婚，啊，在这里——这个啊，要出生证明、单身证明、居留证明、法院公告证明……这位小姐的文件要由台湾出，再由中国驻葡公使翻译证明，证明完了再转西班牙驻葡领事馆公证，再经西班牙外交部，再转来此地审核，审核完毕我们就公告十五天，然后再送马德里你们过去户籍所在地法院公告……

以三毛的个性，任何烦琐的手续都会让她头疼，还没有听完老先生的话，她就委屈地看着荷西，问他既然手续这么烦琐，是不是还要结婚。

荷西正听得认真，一脸严肃而又紧张的表情，生怕漏掉一个字，这场即将举行的婚礼就会泡汤。他赶忙打断三毛的话，郑重地问老先生，需要多久才能正式结婚。老先生不紧不慢地告诉他，完成这一系列手续，需要三个月。荷西一下子急出了一头冷汗，急忙拉着三毛的手跑出法院，去准备一系列烦琐的手续和证明。

一个个结婚用的文件，消耗了两个人不少的时间和精力，因为住的地方没有门牌，他们只好在镇上的邮局租了一个信箱。从住的地方走到邮局，需要一个小时的时间，因为荷西平时需要上班，每天到邮局检查来信，就成为三毛的任务。

沙漠中很少能见到东方面孔，三毛在法院和邮局之间一连往返了三个月，几乎镇子上一大半的人都认识她，甚至还有一些人和她成为朋友。

等待结婚手续寄来的时间里，三毛与荷西游览了许多地方，他们拍了许多照片，记录下了两个人在不同地点的灿烂笑脸。每一次到达新的地方，都令三毛兴奋不已，如果没有结婚手续的困扰，她情愿在那些地方多停留一段时间。

法院的老先生没有骗他们，时间整整过去了三个月，那一天，三毛一面坐在法院里等待结果，一面在心中抱怨着沙漠中的炎热天气。老先生忽然开口说话，说的内容仿佛是在三毛的心头吹了一股清凉的风。他说："好，最后马德里公告也结束了，你们可以结婚了。"他还告诉三毛，已经安排好了明天下午六点钟为他们举办婚礼。

三毛几乎不敢相信自己的耳朵，惊讶婚礼的到来竟然如此迅速。当初是荷西催促老先生要尽快办理，可是当手续真的全部完成的时候，三毛又有些像梦游一般恍惚。

她走出法院，在门外的沙地上坐了很久，她知道，荷西知道这个消息一定兴奋不已，可是最大的问题却是该怎么把这个消息告诉荷西。他一周要在公司里住五天，只有周末才会回家休息。

正巧，荷西公司的吉普车从三毛的面前经过，三毛赶快跑上前去，叫住了名叫穆罕默德·沙里的司机，她请他给荷西带个口信，告诉他明天是两个人结婚的日子，要他一下班就回到镇上来。

司机显然也为这个消息惊讶不已，他惊讶的是，荷西竟然不知道自己结婚的日子。当车子开走的时候，三毛还能清楚地看到司机一脸莫名其妙的表情。她猜测，他的心里一定在想，这个女人一定是想结婚想疯了。

想要结婚的念头已经在荷西的心中燃起了熊熊烈火，他根本等不到下班，收到消息就飞车赶到了三毛的面前。他不敢相信这个令他渴望拥有的女人明天就会成为他的妻子。欢呼过后，憨厚的荷西又开始发呆，他不知道在这个极度需要庆祝的时刻应该做些什么。

保持清醒的依然是三毛，她拉着荷西出去发电报，把结婚的消息告诉家里。荷西的电报长得像一封信，三毛却发出了短短的六个字："明天结

婚　三毛。"好的消息不需要太过烦琐，只需几个字，就足以值得远在家乡的父母为她欢呼雀跃。

为了和单身的日子告别，两个人来到沙漠中唯一的一家电影院，看了一部名叫《希腊左巴》的电影。这部大部分都在讲述两个男人之间友情的电影，似乎与爱情毫无关系，但是在枯燥的沙漠地区，两个人实在找不出更好的庆祝方式。

荷西总是希望能送给三毛一个特别的结婚礼物，于是第二天，他独自在沙漠中找寻了很久，终于找到一个完整的骆驼头骨。他把这个头骨装在盒子里，交到三毛手上。三毛的反应果然如同荷西料想的那样兴奋，三毛爱极了这个独特的结婚礼物，如获至宝一般捧了许久，终于在书架上为它找到了一个合适的位置。

两个人平时的穿着一向随意，可是为了婚礼，似乎应该刻意打扮一下。荷西特意修剪了一下胡子，穿上了一件深蓝色的衬衫。为了搭配荷西，三毛也选择了一条淡蓝色的旧麻布裙子。除了凉鞋，没有其他的款式与这件田园风格的裙子更加搭配，头发也不需要刻意做发型，只是松松地散了下来，只有一顶宽边的草帽算是最别致的装饰。

三毛对着镜子看了好久，觉得似乎还不够隆重，回身去厨房拿了一把香菜，算是帽花，别在了帽檐上。在荷西的眼里，三毛无论怎样打扮都是最美的新娘。两个人就这样手牵着手，走向门外的滚滚黄沙，三毛也成了一个走路去结婚的新娘。

足足走了四十分钟，两个人才来到法院门口，一个陌生人突然跑上来为一对新人照相，小小的礼堂里，竟然挤满了两个人的熟人。

与有着隆重打扮的法官相比，两个前来结婚的人仿佛更像一对路人。年轻的法官也许是第一次主持婚礼，在宣读结婚誓词的时候，三毛清晰地看出他拿着纸的手有些轻微地颤抖。当法官问三毛"你愿意做荷西的妻子吗？"

时，突然晃过神来的她竟然没有答"是"，而是说"好"。

观礼的人发出一阵笑声，一度尴尬的气氛在瞬间得到了缓解。为了配合三毛，荷西也回答了"好"，这下轮到法官不知道说什么好了，只好说："好了，你们结婚了。恭喜，恭喜。"

终于松了一口气的三毛把帽子摘下来当作扇子扇风，一不留神，帽子上的香菜撒了一地。荷西来不及在三毛的手指上套上结婚戒指，就忙着去追法官要户口名簿。

稍显慌乱的婚礼，丝毫没有影响两个人的好心情。他们再次牵手走回家，还没有进门，就发现一个大大的蛋糕放在门口，蛋糕盒子上还有荷西的同事们写来的联名贺卡，漂亮的蛋糕上面，还有一对穿着结婚礼服的新人。

在沙漠中吃到奶油蛋糕，实在是一件无比幸福的事情。奶油的甜蜜似乎象征了他们的婚姻，无论以怎样伤痛的方式收场，回忆起来只有满满的甜蜜。

独特的生财之道

沙漠在枯燥的生活里铺垫出谜一样的美丽，如果爱情也有颜色，一定就如同沙漠中的夕阳那般火红。真心爱人给予的那份静谧，无论用再炫目的代价交换，也不愿意割舍。

沙漠中的一切物品都贵得惊人，出身优越的三毛与荷西一向又不懂得生活的精打细算，日子虽不至于捉襟见肘，可是许多钱却不知道都花在了哪里。

一次，荷西整理了一下来到沙漠之后的收入账簿，惊讶地发现竟然赚了这么多钱。为了庆祝，他带着三毛来到沙漠中最奢华的一间饭店，点了沙漠中最贵的食物和红酒。

在那间如同阿拉伯皇宫般的西班牙饭店里，三毛吃到了来到沙漠以来最美味的一餐饭。胃的满足让整个人的精神都愉悦起来，那个晚上，三毛一度觉得自己是世界上最幸福的人。

这种幸福的感觉只维持了一个晚上，第二天一早，三毛整理了一下来到沙漠之后的支出账簿，竟然发现荷西赚来的钱根本所剩无几。以至于吃过大餐之后的那顿饭，只能吃寒酸的马铃薯饼和白面包，就连汤都只能用白水来代替。

其实，两个人的生活并不算奢侈。自从来到沙漠，他们就没有买过衣服，大部分的钱都是花在了吃饭和旅行用的汽油上。

可是，如果为了省钱，让两个人在假期闷在家里，这两个崇尚自由的人即使不憋死，也会憋疯。于是，三毛想出了一个独特的生财之道，把穿越沙漠的旅行改成沿着海岸线旅行，还可以沿着海边抓鱼，这样既可以做菜，还可以卖钱来抵汽油钱。

没有什么比游玩更让两个人有兴致的事情。第二个周末，荷西就扛着帐篷，带着三毛开始了沿着海岸线的探险。他们一直沿着海边开了五十公里，竟然发现了一片没有人来过的原始海域。

两个人如同发现了宝藏一般兴奋。三毛拿着一只大桶，负责在海边捡海带和螃蟹，荷西则潜到更深的海域去捉鱼。只一会儿，三毛就捡了一大桶螃蟹和海带，荷西的腰上也挂着十几条红色的大鱼。

当天晚上，三毛与荷西就在海边的悬崖上露营，享受了一顿海鲜大餐。第二天，这些没有吃完的海鲜又被他们带回去，请荷西单位的同事到家里来享用。除了从海边捉来的鱼，一大群人又额外添置了许多菜品，这样一来，花出去的钱反而比平时更多，存钱的事成为泡影。

三毛再次决定，下次捉来的鱼，要拿去卖掉，只要能把出去玩的费用赚回来就可以。这一次，两人天不亮就出发。沙漠中的白天酷热无比，可是夜晚和凌晨却又是难以忍耐的寒冷。依然是荷西负责潜入海中捉鱼，三毛则负责在岸上把鱼收拾干净。

冰冷的海水冻得荷西脸色发白，跪在岸边收拾鱼的三毛，两个膝盖也跪得通红，一不小心手指又被鱼刺扎破，沾到海水之后刺骨疼痛。

一连捉了三十多条鱼，有六七十公斤，荷西才疲惫地爬上岸，三毛一面往他嘴里灌着牛奶，一面告诉他，像他们这样捕鱼的人，应该叫作"素人渔夫"。

为了防止鱼在烈日下坏掉，两个人一面把鱼搬上车，一面在鱼身上铺着碎冰。当车开回到镇子里，三毛甚至打算干脆扑到床上睡上一大觉。可是荷西担心鱼会变臭，勒令三毛强打起精神去卖鱼。

荷西把车开到了国家旅馆，可是两个人谁也没有做过生意，不仅羞于开口，见到国家旅馆的经理，反而像小偷一样赶忙躲回了车里。如果一直这样下去，一条鱼也卖不掉，荷西只好鼓起勇气，找到经理，问他要不要买新鲜的鱼。

在之前参加的各种酒会上，三毛与荷西经常会和这个经理打交道。听说他们要卖鱼，经理吃惊不小，随后让他们走边门，去找厨房的负责人谈。三毛害羞得简直想要钻进地缝里。

听说这些新鲜的鱼只卖五十块一公斤，厨房的负责人马上来了兴趣，他一口气要了十条，开好了账单，让他们过了15号来取钱。这是三毛与荷西做的第一笔生意，一下子就收入一千多块。三毛把账单当作宝贝一样收藏在裤子的口袋里，顿时觉得自己一下子来了勇气，马上让荷西把车开到另一间酒店。

这是一间同时做皮肉生意的饭店，荷西独自进去了许久也不见出来，三毛不耐烦地走进去，发现里面的女人正在摸荷西的脸。气不打一处来的三毛一把将荷西推了出去，在他的身上胡乱砸着拳头，之后还不忘记回去把作为样品的一条大鱼拿回来。

憨厚的荷西还不知道发生了什么事情，以为自己可以一下子把鱼全卖出去。又热、又饿、又渴的他还埋怨三毛把自己推出来。

三毛一面生气，一面又让自己的大脑在炎热的太阳底下飞速运转。她忽然想到了军营里有一名熟悉的炊事兵，说不定可以去那里试一下。荷西也一下子来了精神，两个人兴致勃勃地赶到了军营，却又碰了一鼻子灰。

军营里有三千多个士兵，可是他们却只剩下二十条鱼，就算每个士兵分一根鱼骨头都不够。炊事兵只好指点三毛，要把鱼拿到人流多的地方去卖，例如邮局门口，最好是专找欧洲人，因为沙哈拉威人从不吃鱼。

三毛只好买了一块小黑板，用粉笔画了一条鱼的图案，又写上"鲜鱼出售，五十块一公斤"。邮局门口果然是人流最多的地方，尤其是到了取信的时间，来往的人络绎不绝。可是人越多，三毛与荷西就越害羞，反而跑到了马路对面，坐等有人来买鱼。

一位荷西的同事听说他们在卖鱼，又好气又好笑，抓着他们回到鱼的旁边，大声叫卖起来。这样一喊，终于有人围过来买鱼，二十条鱼很快就卖光了，两人又赚了三千多块。

为了庆祝，筋疲力尽的两个人决定出去吃晚餐。可是除了上午卖鱼的国家旅馆，似乎没有更好的去处。三毛只好叮嘱荷西只点最便宜的菜，没想到竟然在国家旅馆里遇到了荷西的经理。

他正愁找不到人一起吃饭，还极力推荐说这里今天有最新鲜的鱼出售。三毛尴尬得只好低头不作声，自己亲手打来亲手卖掉的鱼，如今却要用十二倍的价钱买回来吃，就连上午向他们买鱼的那位负责人都惊讶得张大了嘴巴。

直到付账的时候，三毛才觉得自己把鱼卖得太便宜了。出于面子，荷西抢着付账，结果花掉了在邮局门口卖鱼的全部收入。吃过晚饭，两个人一路无语地回到了家，一头栽倒在床上，睡得昏天暗地。

直到第二天日上三竿，三毛与荷西才终于从疲惫中恢复过来。荷西忽然想起，如果不是还有一笔国家旅馆的账单可以收，两个人昨天一整天就算白忙了一场，到最后连汽油钱都要赔进去。

三毛仿佛一下子想到了什么，疯了似的冲到洗衣机旁边。洗衣机里面，口袋里装着账单的那条裤子正在泡沫中翻滚，三毛与洗衣机做了一番搏斗，终于抢出了裤子，可是里面的纸条早已经被肥皂水浸泡得粉碎，拼都拼不起来了。

直到此刻，两个人才终于认清，他们天生就是对金钱没有概念的人，索性放弃赚钱的念头，尽情去享受生活。

悬壶济世的慈悲

生命，本就是一场爱的慈悲，三毛的一生不羁，甚至有些任性，不过，却从未更改天生的天真与善良。

似乎从很小的时候开始，三毛的身体就有些虚弱。虽然很少生大病，却小毛病不断。久而久之，三毛自己就能处理好这些小毛病，都不需要去看医生。

无论走到哪里，三毛都喜欢带上一个药箱，来撒哈拉沙漠时也不例外。其实，她的药箱中大多都是止痛药、消炎药、红药水一类的日常必备药，可是对于落后的沙哈拉威人来说，这些药简直就是神药。

一次，三毛送给一位头痛的老妇人几片止痛药，老妇人的头痛果然好了，从此三毛会治病的名声也传扬出去。越来越多的非洲邻居来找她讨药，如果不给，那些伸手惯了的人们还会不高兴。

有时候，面对来讨药的非洲妇女，三毛会建议她们到小镇上的诊所里去看医生。可是闭塞的沙哈拉威女人永远把自己的全身和脸都包裹在厚厚的布料里面，宁可病死，也不愿让男大夫检查自己的身体。

无奈的三毛只好一次又一次地把药"施舍"出去，到后来，因为不忍心他们遭受病痛的折磨，一些小毛病她也可以亲自诊治。荷西总是担心三毛会好心办坏事，所以，每次给沙哈拉威人看病的时候，三毛都格外谨慎。

沙哈拉威人似乎十分相信三毛的医术，竟然连一些"疑难杂症"也会找到她。三毛的邻居有一个名叫姑卡的小女孩，刚刚十岁，却马上就要嫁人。就在出嫁之前，她的大腿内侧长了一个又红又大的疖子，并且每天都在增长，可怜的小姑娘根本不能走路，只能躺在破旧的席子上呻吟。

女孩的母亲执意不让医生诊治，三毛也不知道这是什么病，只好简单地为她涂抹了一些消炎药膏，又吃一些口服消炎药。三四天过去，丝毫不见效。

在撒哈拉地区，女孩子的贞操似乎比生命更加重要，无论三毛怎样劝说，那一家人依然不同意把女儿交给医生。无奈之下，三毛只好尝试了一下中国的土方法。中国的一些中医书籍上曾经记载，把黄豆磨成糨糊状，涂在疖子上，可以让疖子消退。想到家里刚好还有一些黄豆，三毛赶快跑到厨房里去磨糨糊。

看到沙哈拉威人对三毛的"医术"如此信任，荷西感到不可思议。没想到用黄豆敷了一天，那个疖子竟然变软了，又过了一天，开始流脓，三毛知道这是好现象，毒素随着流出的脓水会排出去。

又过了一天，疖子开始流血，这说明浓水已经全部流完了。三毛把黄豆糨糊擦掉，又涂抹上药水，没过几天，姑卡的腿奇迹般地痊愈了。

这一下，三毛和她神秘的中国医术更加出名，就连住得稍微远一些的人也要找她来看病。一位邻居带来一个"快要死了"的表妹，这个瘦得皮包骨头的女孩已经不能走路，两只眼睛好像两个大黑洞。据邻居说，女孩几乎已经看不见东西了，很可能活不下去了。

三毛和女孩简单聊了几句，当听到她说家里穷得几乎没有东西可吃时，三毛一下子明白过来，这哪里是病，明明就是没有饭吃导致的极度营养不良。她找出了一瓶维他命丸，叮嘱邻居按时给表妹吃，又让他杀了一头羊，煮羊汤给她喝。没过几天，这个女孩的所有症状全部不见了，甚至还可以亲自登门来向三毛道谢。

荷西本来不希望三毛到处去给人看病，他担心三毛会捅娄子。三毛只好趁着荷西上班的时候偷偷跑出去给人看病，到后来，荷西对三毛的中国医术也叹服不已。

在撒哈拉的寻常时光里，似乎帮助那些依然用落后的方式生活的沙哈拉威人，也是三毛享受生活的一种方式。她是个闲不下来的人，除了到处给人治病，没事的时候还免费教当地的女孩子认字、数数、认识钱币。

一次，学生们在三毛家里发现一本名为《一个婴儿的诞生》的书，里面详细讲述了一个生命从孕育到诞生的过程。这些女孩子里面很多都已经做了母亲，却从来不知道孩子是怎么来的。三毛索性放弃其他课程，用两个星期的时间，教会了她们孩子是怎么孕育出来的。

课程结束之后，一个正在怀孕的年轻女孩竟然希望三毛能帮助自己接生。她已经有了一个孩子，是妈妈帮她接生的，可是现在，妈妈去世了，年轻的女孩想到马上就要生产，似乎有些无助。

听到这样的请求，三毛吓了一跳。知道孩子的孕育过程，并不代表知道怎样接生。她费了半天口舌，也没能够让女孩明白这个道理，可是无论她明不明白，三毛也不能答应这种人命关天的事情。

没想到，一个月后，一个不会说西班牙语的小姑娘跑到三毛门前，她嘴里不停地喊着那个怀孕女孩的名字，三毛一下子想到，她可能是要生了。

当三毛急忙赶到女孩的家里时，她的羊水已经流了一地，三岁的儿子吓得哇哇直哭。三毛根本不知道该怎么做，又跑到邻居家去请来一位当地的中年妇女。可是那个中年妇女一看到屋内的情形，竟然把三毛骂了一顿，转身就走，后来三毛才知道，在当地，看到别人家的女人生孩子是不吉利的事情。

三毛又想到了家里的那本书，上面详细记录了生孩子的过程。她又飞跑回家，打开书，按照上面说的，手忙脚乱地准备棉花、剪刀、纱布等。为了两条生命，三毛几乎已经失去了理智。好在荷西及时回家，大声把三毛骂醒。

即使看过再多的书和资料，三毛也绝对不可能完成接生的任务。正巧那个女孩的丈夫赶了回来，荷西冷静地告诉他，必须送他的妻子去医院，并且马上联系了救护车。

那个女孩终于在医院生下了一个健康的男孩，她是当地第一个在医院生孩子的女人，这也使当地人知道，即使是男医生接生也没什么大不了。

经过这次事件，三毛治病的胆子越来越大，竟然还敢用指甲油帮人补牙。荷西知道以后，吓得头发都竖了起来。可是那些被三毛用指甲油补过牙的人，确实不再牙痛，还可以正常吃东西。

三毛并不是在胡闹，她真的有一颗善良的心，她治疗的都是一些不会致命的小病，并且她的病人都是一些执意不肯去医院的当地人。三毛的善良不仅是对人，就连对动物都有一样的慈悲心肠。

一次，房东家的母羊生了两只小羊，可是母羊生产后的胞衣却一直没有排出来，挂在身上。这样的母羊一般不会活太久，房东打算把母羊杀掉，可是三毛却担心没有了母亲，小羊会饿死。于是她恳求房东让自己试一下，得到房东的同意后，她仔细回忆着自己从一个农夫那里听来的方法，并且有样学样地找来一瓶葡萄酒给母羊灌了下去。果然，第二天，母羊就排出了全部胞衣，终于不用被杀掉。

似乎只有荷西不敢相信三毛的医术，可是一次荷西胃痛，三毛同样用自己带来的胃药治好了荷西。

不过，为了让当地人接受正规的治疗，三毛同意诊治的病人也越来越少，到后来几乎不再给人看病。与沙哈拉威人之间的情感比起来，三毛这个来自异国的女子反而更有爱心，自私的当地人似乎并不懂得什么叫作感谢，被别人帮助好像是理所应当的事情，如果需要他们去帮助别人则一万个不愿意。

三毛对当地人的这种态度并不介意，她只是用一颗善良的心，在可怜着这些用最落后的方式生活的人。

惊心动魄的荒山之夜

许多人但求岁月静好，只愿一世安稳，可对于生性喜欢冒险的人来说，这样的生活未免沉闷。

三毛与荷西总能在枯燥的沙漠生活中找到各种各样的乐趣，探险更是被他们当作乐此不疲的事情，毫不畏惧无边的沙漠可能会吞噬人的生命。

自从两个人买了汽车，荷西最喜欢做的事情就是驾车带三毛到沙漠中去探险。有时候兴致大发，即使不是假日，也要跑出去玩到深夜。一个黄昏，刚刚下班的荷西一到家门口就兴奋地嚷嚷着，他要带三毛去找小乌龟和贝壳的化石。

三毛早就对寻找化石很感兴趣，一听到荷西的话，什么都没有准备，穿着日常的棉布长裙和拖鞋，又带了一瓶红酒就匆忙跑出了家门。

不过，三毛的欢乐只维持了短短一瞬，因为她听到荷西说，来回要开车走上一百二十公里的路程。他似乎把这次行程计划得十分完美，三小时开车，一个小时找化石，刚好可以在吃晚饭的时间返回家里。

可是三毛看着远处即将下山的太阳，心中却隐隐有着不祥的预感。夜晚的沙漠温度会变得寒冷无比，除了月光和车灯，没有任何照明设施，黑暗中的沙漠没有任何建筑可以作为坐标，经常有人在夜晚的沙漠中惨死。

想到这里,三毛说道:"我们一天到晚跑进来扰乱它,找它的化石,挖它的植物,捉它的羚羊,丢汽水瓶、纸盒子、脏东西,同时用车轮压它的身体。沙漠说它不喜欢,它要我们的命来抵偿。"

三毛一面说着,一面还做出手掐脖子的动作。荷西却偏偏喜欢她胡说八道的样子,除了呵呵笑着,并没有打算掉头回家。

汽车朝着与太阳相反的方向奔驰,很快,沙漠中的"迷宫山"出现在眼前。所谓的"迷宫山"是一座座被风堆积起来的沙丘,从外观上看,大小、形状、每座沙丘之间的间隔距离都完全一样,不熟悉路的人走在里面一定会迷路。

三毛心中不祥的预感越来越强烈,虽然在"迷宫山"里开了不到半个小时就绕了出来,可她已经完全没有了去寻找化石的兴趣。倔强的荷西偏偏不肯就此罢休,他知道化石就在前面不远的地方,执意要带着三毛过去。

车子终于开到一处完全陌生的地方,原本干爽的沙地竟然变成一片湿泥地。荷西要三毛负责开车,他到车前面负责指挥。三毛听话地发动了汽车,按照荷西的手势一点一点向前挪动着。

荷西一直背对着前方倒退着走,三毛忽然发现他身后的泥地冒着泡泡,还没来得及提醒,荷西一下子就陷入了一片泥沼中。荷西还没有缓过神来,泥沼就已经没过了他的大腿。他按照三毛的呼喊想抱住不远处的一块石头,可是稍微动一下,泥沼又没过了他的腰部。

眼前的景象简直是世界上最恐怖的噩梦,好在三毛急中生智,想到车上找一些能把荷西拉上来的东西,可是车上除了临行前带的酒壶,就只剩下几张报纸。她疯了似的在光秃秃的沙漠上四处寻找,可是丝毫找不到类似绳子或是木板一类的东西。

与死亡相比,眼睁睁地看着自己心爱的人死去,反而是更加可怕的事情。好在荷西终于抱住了一块石头,只有下半身泡在泥沼里,暂时不会下沉。可是太阳正在一点点从天际消失,一旦天黑下来,沙漠中的温度会低至零度,到时候，即使荷西不被淹死，也会被冻死。

泥沼已经渐渐变得冰凉，荷西却不忘记用冻得变了调的声音提醒三毛开车去找人求救。可三毛知道，这只不过是荷西想要确保她的安全。即使她开车回到镇里，天也已经完全变黑，到时候根本不可能再找回这里，荷西一定会在泥沼中冻死。

三毛的大脑在飞速运转，然而要保证两个人同时活下去几乎根本不可能。就在这时，三毛看到远处传来一道光亮，有车就意味着有人。她根本无暇思考那些人究竟是好人还是坏人，急忙向他们跑过去，想为荷西争取到一丝生的希望。

那辆装满了木箱的吉普车终于朝着三毛的方向开过来，趁着太阳落山前的最后一丝光亮，三毛看清里面是三个沙哈拉威男人。她上气不接下气地请他们救自己的丈夫，可是那三个人却在不紧不慢地用当地的土话交谈，三毛只能隐约听懂"是女人"这个词，可是她无暇多想，只是请求他们用缠头巾或者捆木箱的麻绳把荷西拉上来。

三毛却没有想到这三个男人打起了她的主意。看着他们色眯眯的眼神，三毛本能地想要转身逃走，却被一个男人一把从后面抱住，一只脏兮兮的手朝她的胸脯摸了上去，一张脸也朝着她的脸凑了过去。

陷在泥沼里的荷西试图放开石头去救三毛，可是手一松开，身体就会下沉，只好用愤怒的声音咆哮着"我要杀了你们"。

三毛一面顾着荷西的安全，一面在三个男人的魔爪间挣扎。她看准机会朝一个男人的下体狠狠地踢了一脚，他痛得放开了手，三毛终于得以脱身。

脚上的拖鞋早已跑丢，赤着脚的三毛朝着车子的方向跑去，荷西只能疯狂地叫着"跑，跑，三毛，跑"。那三个男人反而上了车，慢慢地朝三毛跑去的方向开着。他们从没有想到女人也会开车，更没有想到三毛发动车子，仿佛自杀一般朝着他们的吉普车撞过去。

在三毛撞车之前,吉普车急忙转弯避开。三毛光着脚把油门踩到底,手里握着车上的一把弹簧刀,朝着"迷宫山"的方向逃去。吉普车一直在后面穷追不舍,三毛只好熄了车灯,一个急转弯,趁着夜色,躲在一个沙丘的后面。

吉普车果然向远处开去,三毛的身上早已一身冷汗,一下子从紧张中放松下来,竟然有些想要呕吐。她不能让荷西一个人浸泡在泥沼里,好在星星已经出来,通过星座可以辨认出荷西的方向。

可是理智再一次占据了上风,如果朝荷西的方向开去,等于是在浪费时间,不如开车到检查站找人求助。三毛用车上的工具拆下了一个汽车坐垫,扔在沙漠上,算是坐标。看到坐垫平稳地放在沙地上,没有丝毫要沉下去的意思,三毛的脑海中忽然闪现出一道灵光。

如果把坐垫铺到泥沼上面,说不定可以把荷西拉上来。想到这里,三毛的心跳仿佛加快了一倍,赶忙发动汽车,沿着自己的车辙开向荷西的方向。

那片泥沼已经彻底隐藏在夜幕里,三毛从远远的地方看过去,竟然没有看到荷西的身影。三毛以为荷西已经被泥沼吞没,她歇斯底里地喊着他的名字。忽然,荷西的身影从泥沼中的一块石头后面露了出来,冰冷的泥沼几乎让他丧失了说话的力气,只能用微弱的声音回应着三毛。

三毛赶忙把汽车坐垫扔到泥沼上,果然没有沉下去,她又想到了汽车备胎,手忙脚乱地寻来了千斤顶。因为只穿了一条裙子,沙漠的冷风吹在身上如同刀割一般痛,可三毛不能停下手头的动作,拆下了全部的车胎,统统扔到泥沼上面。

她慢慢地通过坐垫和车胎爬到了泥沼上面,可是距离荷西还有一段距离。三毛又想到自己穿着到脚面的长裙,赶忙脱下来,在一头绑上一只老虎钳,丢向荷西的方向。

荷西抓住裙子的那一刻,全部的委屈与疲惫一下子涌上三毛的心头。她几乎已经没有力气拉他上来,荷西冻得太久,只能自己拉着三毛的裙子一点一点向前移动。

十五公尺的距离,仿佛走了一个世纪那么漫长,荷西的脸已经冻得像石膏一样白,双腿也早已冻伤。三毛一面忙着装车胎,一面胡乱地向荷西口中灌着红酒,希望酒精可以让他暖和起来。

直到爬上汽车,两个人仿佛依然没有从刚才惊心动魄的一幕中缓过神来。天上的星座指引着他们回家的方向,倔强的三毛成功救回了荷西的生命,劫后余生的她,反而对寻找化石的渴望更加强烈。

心有余悸,生死相依

许多平淡的经历如同走马观花一般,在眼前呈现过后,就消失于脑海。两个相爱的人,渴望在雾色的光阴中一起苍老,更渴望在厚重的烟云中生死相依。

沙漠中的生活虽然枯燥,三毛却总是能在单调的岁月中找到不同的乐趣。许多次,她都已经不知不觉地徘徊在危险的边缘,有时甚至与死神只有一步之遥。不过,即便事后醒悟,她也从不后悔当初的行为,如果再给她一次机会,她一定会选择做同样的事情。

一次,三毛正闲来无事,忽然看到门外几个当地的小孩子在打架,她跑出去把打在一起的孩子们分开,忽然看到有一条麻绳穿着的项链掉在地上。

当地人每个人的脖子上都会挂着一串东西,三毛以为是孩子们打架时掉下来的,于是便捡起来问谁掉了项链。没想到孩子们看见这条项链时表现出一脸恐惧,不仅没人认领,反而转身跑得远远的。

三毛只好把项链放在自己家门口,告诉孩子们,如果谁丢了项链,就让他来这里找。一个下午过去了,依然没有人上门来认领。那条项链实在又脏又旧,也许是有人丢掉的,三毛便拿在手里仔细看起来。

她发现,项链上有一块四周镶着白铁皮的锈红色铜片,还有一个布包和几个果核,都散发着异味。她把布包和果核剪掉,唯独把那块铜片刷洗干净,穿在一条丝带上,就变成了一串具有现代感的项链。荷西也夸奖三毛的作品十分好看。

不知为什么,戴上项链后,三毛忽然感觉十分疲惫,于是躺在床上,把录音机平放在胸口,听起了录音带。刚刚听了一会儿,录音机仿佛发疯一般地飞速旋转起来,里面的录音带已经被卷成了乱糟糟的一团。

刚刚把录音带拿出来,三毛又开始连续不断地打喷嚏。因为曾经得过敏性鼻炎,三毛以为又复发了,因此并没有在意,只是找出一片药吃了下去。可是喷嚏还在一个接一个地狂打,一连打了一百多个,眼角也开始发红、发热,到后来甚至肿了起来。

伴随着一个猛烈的喷嚏,一股鲜血从鼻子中蹿了出来。三毛感觉整个世界开始剧烈地旋转,晕头转向的她首先想到的竟然是地震了。

直到荷西把三毛拖进卧室放到床上,她还在想自己到底是怎么了。还没有来得及从眩晕中恢复过来,胃里又是一阵翻江倒海。三毛赶快冲到浴室去呕吐,午饭已经全部吐了出来,之后就开始吐清水,清水没有了又开始吐黄色的胆汁,到后来已经没有东西可以吐了,又一直干呕不止,好像要把全部的内脏都呕吐出来。

呕吐的同时,喷嚏和鼻血也完全没有要停止的意思。荷西一直紧张地从后面抱住三毛,不停地给她擦汗,以为她是吃坏了什么东西。

直到三毛连呕吐的力气都没有了,荷西才再一次把她放回了床上。就在躺下去的一瞬间,三毛忽然感觉刚才所有的不适统统不见了,整个身体就和平时一样正常,好像刚刚那个呕吐到虚脱的人根本不是她,只有眼睛依然又红又肿。

她刚想去镜子旁边看看眼睛变成了什么样子,胃里又是一阵剧烈疼痛,仿佛有一双手像拧毛巾一样在拧着她的胃,疼得她眼前一黑,倒了下去。三毛剧烈地呼吸着,可是每一口呼吸都伴着剧烈的疼痛。

三毛觉得自己仿佛正在被一股无形的力量撕裂,她的全身剧烈地扭动,汗水已经浸透了衣服,嘴里在疯狂地喊叫,仿佛有炸弹在脑袋里爆炸。荷西吓得赶快把她抱到车上,准备去看医生,可是一见到光,三毛变得更加痛苦,马上把脸用毛巾盖得严严的。

星期天的医院里根本没有医生,荷西只好带着三毛来到军营,打算找军医诊治一下。两个士兵把三毛抬到了诊台上,可是三毛这时候却又一点点恢复了正常。等军医赶来时,她全身上下已经没有痛的地方。

军医检查了她的心脏、脉搏、舌头、胃,除了心跳稍快,什么毛病都没有,既不是食物中毒,也不是食物过敏,只有红肿的眼睛有些发炎,除了打一针消炎药,根本不需要任何治疗。

三毛向军医讲述了刚才的全部症状,可是军医也不知道怎么回事,只好叮嘱她再次发病时及时送过来。

回家的路上,三毛疲惫地趴在荷西的身上。就在经过一段下坡路的时候,荷西发现刹车失灵了。迎面过来一辆大卡车,眼看就要撞上,荷西拼了命地猛打方向盘,车子终于改变了方向,扎进了一处沙堆里,停了下来。

卡车上的士兵把荷西和三毛救了下来,当听说是刹车失灵时,一名士兵就坐在驾驶室里试了很多次,刹车却没有任何问题。为了避免再出事故,荷西只好慢慢地开回了家。也许是精神太过紧张,三毛在车上再一次昏了过去。

直到感到手指一阵剧痛传来,三毛才再次苏醒。原来荷西抱她下车之后用脚关上车门,没想到三毛的手指夹在了门缝里,鲜血一下子涌了出来。荷西呆呆地站在原地不知所措,还是邻居的喊声把荷西拉回了现实,邻居指着三毛喊道:"她的孩子掉下来了!"荷西低头看去,发现三毛的两腿之间正汩汩地流着血,可是他知道,三毛根本没有怀孕。

三毛感觉到鲜血正像泉水一样从她的小腹中汹涌流出,她的生命似乎也在随着流淌的鲜血一点点消失。荷西和邻居说话的声音飘得越来越远,整个世界仿佛都陷入了一片死寂。

邻居的妻子忽然大喊一声:"她脖子上的牌子,谁给她挂上去的?"荷西根本无心关注牌子,只想尽快送三毛去医院。可是邻居依然不停地喊着:"马上把那个东西拿下来,她要死了。你们两个傻瓜。"

荷西赶快把三毛脖子上的丝带扯断,邻居用鞋子打荷西的手,牌子掉在了地上。直到这一刻,三毛才感觉刚刚抽离身体的生命正在一点点地重新注入体内,可是似乎有些奇怪的味道,还有丝丝的声音。

三毛忽然意识到发生了什么,用尽全部的力气喊道"煤气"。荷西发现家里的煤气正在泄露,赶快把煤气关掉。他们的邻居则忙着在那块牌子的旁边围上一圈小石头,之后才告诉他们,这块牌子是当地最邪恶的一种符咒,沾上它的人曾经得过的疾病会在一瞬间全部爆发出来。如果不是三毛扔掉了那个小布包和果核,很可能早就死了。

只是,大家并不理解为什么会发生煤气泄漏的事件,只有三毛在小声呢喃:"也许是我潜意识里总有想结束自己生命的欲望。"

即使是自己的心灵,人们也总是很难读懂。三毛虽然并不完全相信这些古怪的邪术,可是当看到一位懂得巫术的老人从那块铜牌里取出一张画着图案的符咒时,三毛的周身还是涌过一阵寒意。

她的身体果然一点点地恢复了健康,朋友们劝她去做身体检查,三毛却一笑置之。她知道,自己又到鬼门关走了一遭,也幸运地再次回到了人世。有了荷西的陪伴,死亡已经变得不再可怕,不过,同样是因为有了荷西,三毛再也不愿去考虑与死有关的事情。

点滴 | 刻录撒哈拉的独特记忆

　　世界上没有第二个撒哈拉了，也只有对爱它的人，它才向你呈现它的美丽和温柔，将你的爱情，用它亘古不变的大地和天空，默默地回报着你，静静地承诺着对你的保证，但愿你的子子孙孙都诞生在它的怀抱里。

一起吃苦的欢喜

两颗相爱的心凑在一起，就构建成了一座温暖的城，在这座爱的围城中，哪怕再艰苦的生活，也会发酵成甜蜜。

荷西对三毛的爱超越了一切，为了让三毛找回前世的乡愁，他背着一副简单的行囊，在沙漠中为她安了一个家。他这样做，是为了让三毛来到撒哈拉的那一刻，就再也不用为寻找落脚之处而奔波。不过，房间里的一切生活用品，他都希望由三毛来亲自挑选、亲手布置。

自从三毛到来，家里的东西一件一件地添置，小到食材、毯子，大到煤气炉、冰箱，全部都是三毛亲自挑选。其实，沙漠中的商品，可选择性并不多，同一类商品几乎都长成一个样子，不过荷西就是享受这种由爱人亲手布置房间的感觉，这样的房间，才叫作家。

来沙漠之前，三毛的父亲给了她一笔钱，作为在沙漠中的生活费。在买东西时，三毛也试图由自己来付钱，她的举动让荷西惊讶而又气愤，惊讶的是三毛竟然有这么多钱，气愤的是她没有放心地把自己的生活交给荷西来负责。

荷西"勒令"三毛把父亲的钱全部存进银行，从今以后他的薪水就是两个人的生活费。三毛虽然不高兴荷西质疑自己的生活能力，但是"我养你"这三个字，怎么听都是一句最浪漫的告白。

沙漠中的夜晚冷得彻骨，可是一张床的价格却贵得惊人。当地人都把草席铺在地上当床睡，可在现代文明中生活惯了的荷西和三毛受不了半夜里裹在毛毯中瑟瑟发抖的滋味。荷西每个月的工资，只有薄薄的一沓钞票，两人只好买了一个昂贵的床垫，直接放在地上当床睡，床架的事情再也不去考虑。

荷西工作的地方，离家有五十公里，只有在周末的时候才能回到家里。有时候因为太想念三毛，他也会下了班就赶回来，在家里待到深夜，再坐车返回宿舍。

于是，大部分时间里，家中只有三毛一个人。结婚之前的两个月，她常常独自到沙漠中旅行，这等于是在圆满她一直以来的夙愿。坐在远离人群的沙漠深处，看着羚羊无拘无束地跳跃、奔跑，三毛的情绪仿佛也被奔跑的羚羊带离了枯燥的苦海。

荷西为了多赚钱，经常替同事上班，有时候晚上和假期也不能回家，三毛只好把自己当成男人用，许多粗重的活也只能亲自动手。

沙漠中的井水是咸的，做出来的米饭像撒了盐一样难吃。三毛只好经常与一位加纳利群岛来的女邻居结伴，到镇子里去买淡水。十公升的淡水对健壮的加纳利女人仿佛羽毛一般轻，可对于三毛来说，提着这么重的水桶，最多只能走上十步路。

每次提着买来的淡水走回家，总是要走上一个世纪那么漫长。家就在前方，却似乎永远也走不到。回到家后，面红耳赤的三毛早已腿脚发软，就连脊椎骨都在剧烈疼痛。

如果是煤气用完了，三毛一个人是无论如何也拖不动的。要是刚好荷西不在家，她只好借邻居的炭炉子做饭，一面生火，一面被冒出的浓烟呛得直流眼泪，可她反而将这种生活当作对人生的体验，乐呵呵地面对。

家境优渥的三毛从来没有过过这样的苦日子，虽然她自己乐此不疲，可是如果母亲知道，一定会心疼得泪流不已。

白天的日子还算好过，每到晚上，三毛就要独自忍受无边的孤独。最初来到沙漠，家里没有电视，没有收音机，甚至没有书和报纸，三毛只能一个人躺在床垫上，听沙漠中的晚风发出如泣如诉的声音。

如果荷西不回来，三毛最多只是想念。如果荷西回来又要离开，三毛的眼泪马上就会决堤。荷西关门时"咔嗒"的声响，是三毛最害怕听到的声音，她总是要用最快的速度冲上天台，一面流泪，一面遥望荷西在沙漠的夜空下向自己挥手。

有几次，荷西在前面走一步，三毛就在后面跟一步，她如同受了委屈的孩子一般恳求："你留下来行不行？求求你，今天又没有电，我很寂寞。"荷西早已红了眼圈，他何尝不想留下来陪三毛，可是他要赚钱，要担负起两个人的生活。

他向三毛保证，只要赚到足够的钱就不再加班。他还交给三毛一张购物单，让她按照单子上的东西去五金店问问价格，明天回来好亲手给她做家具。

三毛只好乖乖听话，她果然拿着单子去五金店询价，可是这些材料的价格简直就是天文数字，不仅贵，还缺货。他们手里的预算不要说买齐做家具的材料，就连买几块木板都不够。

她失望地走出五金店,忽然发现门外的地上扔着许多装货的大木箱,她问老板可不可以送给自己五个木箱,老板竟然欣然同意。三毛开心地买了一些钉子和工具,再雇上一辆驴车拉木箱。一路上三毛都在开心地吹着口哨。

那天晚上,荷西果然回来了,看着三毛不花钱弄来的好木头,他开心得只吃了几个白水煮鸡蛋,就忙着去把木箱拆成木板。这些木箱钉得很结实,荷西为了把它们拆开,手指也弄出了血,可是一想到有免费的木料可以做家具,手指的痛也掩盖不了心中的欢喜。

三毛抱着一堆木板傻傻地问荷西:"我在想,为什么我们一定要做家具,为什么我们不能学沙哈拉威人一辈子坐在席子上?"荷西一面忙着手里的工作,一面回答:"因为我们不是他们,我们还是要有家具才能活得不悲伤。"

一个晚上的时间,只够两个人把木箱拆成木板。只有等到周末放假,荷西才能回来做家具。于是,三毛又多了一项工作,就是时刻看紧那些木板,以免被邻居们不打招呼地拿走,可是木板还是少了许多。

终于熬到周末,荷西准时赶了回来。他画好了许多家具的图样让三毛选择,三毛不愿让荷西太劳累,只选择了最简单好做的样式。

荷西从星期六的清晨开始动工,起初还穿着厚厚的毛衣,随着太阳越升越高,索性赤膊上阵。三毛在旁边帮不上忙,只能一会儿拿来一条凉毛巾给他擦汗,一会儿又端来一杯冰水给他喝,或者在他的身上涂抹着防晒油。

即使什么都不做,三毛已经被沙漠里毒辣的阳光晒得晕头转向,可荷西却仿佛感受不到炎热一般继续着手头的工作。三毛的心头洋溢着满满的骄傲,她的丈夫正亲手为她打造一个家。

直到两个人结婚的时候,荷西已经亲手打造了一个书架、一张桌子、一长排的衣柜,还有厨房中的一个小茶几。

荷西曾经满脸带笑地问三毛，知不知道这些大木箱原来是装什么用的？三毛猜测是冰柜，或者机器，却无论如何都没有想到，箱子里原来装的东西，竟然是棺材。三毛这才恍然大悟，怪不得向五金店老板讨要这些箱子时，他问三毛家里有几口人。

因为这些木箱的作用与众不同，三毛反而更加喜爱自己家里的这些家具。因为这些木头不仅和死去的灵魂有关，更凝聚着荷西的汗水。外面买来的家具再昂贵，也比不上两个人一同吃苦换来的结晶珍贵。

只想和你认真地老去

一段相伴着老去的爱情，就如同一个童话故事般美丽。都说人不该只为爱情而活，可天性浪漫的三毛，却一头扎进了荷西为她营造的爱情城堡，愿意为爱付出一切，哪怕只有片刻光景，也要用心地去感受那种幸福。更何况，她是真的打算与荷西一同白首，到那时，伛偻着身体，牵着手走遍万水千山，看遍世界的风景。

自从结婚以来，三毛与荷西已经不知道多少次横渡撒哈拉沙漠，无论玩得多累，荷西回到家后想的依然是怎样亲手改良现在的房子。三毛心疼荷西结束了假日马上就要去工作，可是无论怎样劝说，荷西依然固执地要亲自动手，因为这样可以省下一笔不小的人工费用。

三毛不理解荷西存这么多钱要干什么，荷西却说，等她的父母老了，要把他们接到身边来，用存下来的钱去照顾他们。这又是一句最浪漫的承诺，三毛的眼眶不禁湿润起来。她没有想到荷西已经爱她到如此地步，甚至爱屋及乌地想要照顾她的父母。

这句承诺为三毛提供了无形的动力，搅拌着白灰的手臂似乎也不像刚才那样酸疼，心里甚至开始幻想，如果真的把父母接过来，荷西是不是应该现在就开始学中文。

结婚的第一年，公司给荷西发了一大笔补助和津贴，还有双倍的工资。荷西生平第一次拿到这么多钱，回到家里，把这些钱一股脑地倒在床上，开心地和三毛计划着，可以给家里添置新的床单、毯子、水桶和锅子。

三毛却从这些钱中拿出了八千块。自从来到沙漠，荷西就再没有给自己买过新衣服，他的衬衫、裤子、袜子早已经破旧不堪，就连鞋底都破了一个洞。她要用这些钱给荷西"装修"一下。

可是荷西却固执地要把这些钱统统花在家里，不过三毛依然不愿意买沙漠中那些昂贵的物品。这一次，她喜欢捡拾旧物的爱好和动手改良的能力派上了用场。

她首先要搞定的是一张沙发。她用空心砖垒出了沙发的框架，再铺上一张棺材板当作沙发的底座，两个厚厚的海绵垫，一个是坐垫，一个是靠垫，再用好看的条纹布把海绵垫严严实实地包裹上，整个撒哈拉沙漠都找不到比这个还好看的沙发。

房子的里里外外早已被荷西刷成了雪白色，即使没有门牌，人们也知道是谁住在这里。雪白的墙面配上彩色的沙发，简直就是一种古朴而又神秘的家居风格。

母亲从台湾寄来了许多三毛喜欢的东西。她在桌子上铺了一块雪白的桌布，桌布上面就是母亲寄来的细竹卷帘。再摆上一套古朴的陶土茶具，再也没有人能够猜到，如此中式风格的一角，竟然是用一对装棺材的箱子打造而成的。

母亲还寄来一个棉纸糊的灯罩，套在光秃秃的灯泡上，一下子让整个房间都变得更有情调。好友林怀民还寄来了一张亲手书写的书法，上面有龙飞凤舞的四个大字：云门舞集。三毛郑重地把它挂在墙上，这个沙漠中临时组建起的小家，一下子有了厚重的中国底蕴。

与沙哈拉威人的"超脱"相比，三毛有时候也会觉得自己"可悲"，因为他们没有这些东西，也一样在按部就班地生活，可三毛就是摆脱不了对这些"俗物"的情怀。有时候，生活在一种舒适的氛围里，比吃一顿饱饭更加重要。

荷西亲手打造了一个书架，三毛又给书架刷上一层褐色的涂料，仿佛这种古朴的颜色更能蒸腾出书架上的书香。

荷西上班的时候，三毛就到家对面的垃圾场去拾旧物。她总是能把旧物改造成家里的一部分。一个破旧的轮胎洗干净后铺上红色的坐垫，成了一个鸟巢一样的舒适座椅；深绿色的水壶被当作花瓶，插上一丛怒放的荆棘；废弃的汽水瓶刷上颜色，成为书架上最好看的装饰。她甚至还学会了用盐和明矾来硝羊皮，把它变成一块原始的坐垫。

绿色植物是沙漠中真正的奢侈品，可三毛总是希望家里能够多一些绿意，于是他们趁着深夜跑到总督家的花园里去偷花，还被守卫的士兵撞个正着。

音乐是三毛生活中重要的调味料，她可以不看电视，却不可以不听音乐。为了省出钱买录音机，每次买菜，她都要走上很远的路到外籍兵团的福利社去，因为在这里可以省下三分之一的钱。可是她永远抢不过那些粗鲁的当地女人，每次买到菜，往往已经排了几个小时的队。

有时候那些外籍士兵看不过去，就会主动招呼三毛，还为她准备好需要购买的菜。与外籍士兵们相熟之后，三毛知道他们每周日会在市政府广场上演奏交响乐，她自然不肯放过这个与音乐亲密接触的机会。

收音机和录音带的钱就这样从菜钱中省了出来，可是一旦看到心仪的稀奇玩意，无论多少钱她也要弄到手。一次看到一个老人用石头做雕刻，那些粗糙却又栩栩如生的人物和动物雕像竟然让三毛心生感动。她在老人的手里塞了一千块钱，抱起三个雕像就跑向家的方向，老人又追上来拉住三毛，她以为是给的钱太少，没想到老人又往她手中塞了两个雕像，这才转身离去。

从此之后，三毛再也没有见过那位雕刻石头的老人，她因此坚信，这些令她感动的雕像，是鬼魂送给她的纪念品。

一年之后，两人共同布置出的小家已经变成了沙漠中一所独一无二的宫殿。荷西的单身同事们最喜欢把这里当成聚会的地点，除了能够感受到古朴的中国风韵，还能吃到三毛亲手烹饪的中国菜肴。

作为感谢，同事们有时会送来家乡的美食，有时还会送来比黄金还要珍贵的鲜花。几乎每一个周末，荷西都会带回来一大束娇艳的"天堂鸟"。从荷西的口中，三毛得知这些花都是同一个同事送的。

三毛隐隐感觉到事情不妙，可憨厚的荷西似乎永远都不愿去探讨与人心有关的东西。于是，趁着荷西上班，三毛把那名同事单独约到了家里，用温和的语调请他不要再送花过来。那位同事一脸痛苦地说着对不起，三毛却感谢他给了一个女人最大的赞美和鼓励。

一个星期之后，荷西突然抱回来一大箱书，他说那个同事莫名其妙地辞职了，这些书全部送给了他们。三毛的心头掠过一丝怅然，不过有些事情，压根就没有开始的必要。

她亲手布置的家引来了慕名而来的记者，还有受西班牙政府委托来沙漠中造房子的建筑师。他们惊叹三毛简直是在沙漠中创造出了奇迹。虽然三毛只是将布置家里当成了一种爱好，可是从别人夸赞的语气中，她仿佛找到了自己的价值。

建筑师告诉三毛，她的家会成为他设计房子时的范本。这个消息并没有让三毛感到多么高兴，反而是房东更加兴奋。她终于找到了涨房租的借口，因为她的房子已经变成了沙漠中最美丽的房子。

三毛自然不肯乖乖就范，她拿出租房时签的合约，冷冷地说："你涨房租，我明天就去告你。"说完，她关上了房门，连同房东的咆哮声一同关在了门外。房间中弥漫着德沃夏克的交响乐，三毛缓慢地走到自己用轮胎做的座椅旁边，缓慢地坐下去，那一刻，她的表情骄傲得像个女王。

撒哈拉里的文字梦

爱不是挂在嘴上，它一直放在心里。三毛不仅深爱着荷西，也同样热爱着自己身处的这片沙漠，甚至爱上了周围那些让她既好气又好笑的邻居们。她将自己点点滴滴的爱凝聚成一篇篇文字，写字终于不再是谋生的手段，她又重新找回了自己的文字梦。

自从他们的家装饰一新之后，三毛爱上了为荷西洗手做羹汤的日子。似乎每一个出生于蜀地的女孩子都是天生的美食家，三毛也不例外。她从不把做饭当成一件麻烦的事情，而是把它当成一种艺术。几片肉和几片蔬菜简单地翻炒，就能变成一道美味的佳肴。每次吃着三毛做的菜，荷西都觉得三毛做菜的手艺精妙无比。

母亲心疼三毛，知道沙漠中物质贫乏，物价又奇高，总是不远万里寄来家乡的食材，虽然大多是一些风干的食品，可这些却是三毛爱不释手的宝贝。

她用母亲寄来的粉丝给荷西炖鸡汤，荷西只知道好吃，却不知道粉丝是什么。三毛骗他说这是高山上下的雨，被冻住了，有人去山上背下来的，很难得。荷西虽然不相信，但是却从此爱上了"雨"的味道。

于是，三毛又用粉丝做了"蚂蚁上树"，把粉丝与肉末炒在一起，就成了一道好吃又好玩的中国菜。这一次，三毛骗荷西说这是钓鱼用的尼龙线，荷西不仅不怕，反而吃得更多。

第三次吃粉丝，是三毛把菠菜、肉末与切碎的粉丝包进了"合子饼"里，荷西以为这是昂贵的鱼翅，非要写信感谢自己的岳母。

三毛把自己的家称作荷西的"中国饭店"。她把平日里为荷西做饭的点滴写进了《沙漠中的饭店》一文，文中没有过多的修饰，只有日常却又引人入胜的描述和对白。三毛做的饭中，融入了她对荷西缠绵悱恻的爱。简单的一餐饭，就能在单调的沙漠生活中换来莫大的快乐。

自从这篇文章在国内发表，读者们一下子认识了一个全新的三毛。她去了别人只敢向往却不敢去的地方，做着匪夷所思却又欢乐无比的事，就连做饭都成为生活的乐趣。

也许是荷西的爱和读者的欣赏给了她源源不断的灵感，每当荷西外出上班，三毛就会把一段时间以来的见闻一一整理在文字中。她发现自己的确变了，变得不再阴郁，变得风趣幽默。也正是从这时开始，她正式使用"三毛"作为笔名。流浪的人生已经开始，她的人生际遇，与那个在大上海中寻找归宿的小男孩更加贴近了一些。

从此以后，三毛开始用文字一篇又一篇地记录自己在沙漠中的生活，读者们也乐此不疲地追着一篇篇从沙漠中写来的文字阅读。她的文字让读者们时而莞尔，时而捧腹大笑。渐渐地，文字写得多了，三毛便将它们整理成册，也就有了后来的《撒哈拉的故事》。

三毛曾在《芳邻》一文中描写过，住在她家附近的邻居，他们全部是当地的土著居民，虔诚地信仰着伊斯兰教，过着游牧的生活，也痛恨着西班牙来的殖民者。

因为荷西的收入并不高，两人只能选择住在土著居民中间，许多人建议三毛搬离那些浑身散发着体臭又极其贪图小便宜的沙哈拉威人，可三毛却偏偏觉得他们可爱，甚至在文字中写道：

> 我的邻居们外表上看去都是极肮脏而邋遢的沙哈拉威人。
>
> 不清洁的衣着和气味，使人产生一种错觉，以为他们同时也是穷苦而潦倒的一群。事实上，住在附近的每一家人，不但有西国政府的补助金，更有正当的职业，加上他们将屋子租给欧洲人住，再养大批羊群，有些再去镇上开店，收入是十分安稳而可观的。
>
> 所以本地人常说，没有经济基础的沙哈拉威是不可能住到小镇阿雍来的。
>
> 我去年初来沙漠的头几个月，因为还没有结婚，所以经常离镇深入大漠中去旅行。每次旅行回来，全身便像被强盗抢过了似的空空如也。沙漠中穷苦的沙哈拉威人连我帐篷的钉都给我拔走，更不要说随身所带的东西了。

即便如此，三毛对这些爱占小便宜的"芳邻"也没有丝毫的厌恶，反而是在他们之间传播着爱的种子。沙哈拉威人之间几乎没有互帮互助的精神，而三毛却毫不介意，她免费教女孩子们识字、数数，免费把带来的药送给他们，还一度被当地人当成了懂得巫术的巫医。最终沙哈拉威人也喜欢上了这个皮肤并不算白皙的东方女子。

三毛在沙漠中写下的每一个文字，几乎都与这些可爱的邻居有关。无论是想要给荷西做小妾的美丽的蜜娜，还是请人帮她破解诅咒的罕地，他们都已经将三毛当成了他们其中的一分子。

三毛写作的灵感源于生活，她把与荷西登记结婚的经历写成了《结婚记》，又把给邻居们治病的趣事写成了《悬壶济世》，把荷西陷在泥沼中那惊心动魄的一晚写成了《荒山之夜》，把两人一同试图卖鱼换钱的经历写成了《素人渔夫》，把亲手布置房间的经过写成了《白手成家》，还把遭到诅咒的可怕过程写成了《死果》。在《沙漠观浴记》里，三毛化身成一名彻头彻尾的"好奇分子"，进入澡堂不为洗澡，而是专门为了看看那些几年才洗一次澡的沙哈拉威女人怎么洗澡……

当《沙漠中的饭店》在《联合报》副刊上发表时，距离三毛上一次发表文章，已经整整过去了十年。当她看到自己的作品变成了铅字，忍不住在房间里一阵手舞足蹈。她迫不及待地想要把这份喜悦分享给荷西，于是就坐在荷西公司的交通车一定会路过的地方傻等。

荷西果然出现在车里，看到三毛开心的样子，荷西就已经猜出发生了什么事情。心灵相通的两个人，不需要任何言语，就完全可以走进彼此的内心。

自从《撒哈拉的故事》在1976年出版以来，这部书便受到三毛的粉丝们狂热的追捧。这是三毛有生以来出版的第一本集子，也因为重印了三十七版，成为她再版次数最多的一本集子。

从这一刻起，三毛的文字从"雨季文学"过渡到了"沙漠文学"，人们此时看到的三毛，是一个神经质的快乐小妇人。人们几乎已经忘记了三毛曾经经历过的痛苦，更不会想到，在不远的未来，一个更大的痛苦在等待着她。

这一部书一下子让三毛成为"台湾知名女作家"，台湾文坛也终于有了属于她的一席之地。三毛从未想过，自己也能成为青少年的偶像。在《撒哈拉沙漠》出版的最初，对于台湾的反响，她也的确一无所知。

还是母亲写来的信让三毛知道，原来自己已经出名。母亲写道：

许多爱护你的前辈，关怀你的友好，最可爱的是一些年轻的热爱你的读者朋友们，电话、信件纷纷而来，使人十分感动。在《白手成家》刊出后，进入最高潮，任何地方都能听到谈论三毛何许人也，我们以你为荣，也分享了你的快乐，这是你给父母一生中最大的安慰。

沙漠白天毒辣的阳光，夜晚降入冰点的温度，吹得人皮肤干裂的风，衣服里、头发里、家里无孔不入的黄沙，贫乏的物资，昂贵的物价……这些反而被三毛当作了生活中的调味品，用最合理的配比，调剂出最浪漫的人生。

三毛曾说："能在苦难和烦躁的生活中写小说的是浪漫人，还能总结出真理箴言的是哲学家。"她用自己的浪漫与热情演绎着人生的哲学，偏偏要把平凡的生活过出不平凡的味道。

接住我的真诚和拥抱

三毛与沙漠早已结下了解不开的缘，似乎她与沙漠本就有一种无法说清的牵绊，只要投入那一片晶莹剔透的黄沙当中，就能感受到与撒哈拉沙漠之间心灵的共鸣。

她见证着当地人挣扎在这片几乎没有土地的沙漠中，亲眼见证着年轻的小伙子如同飞蛾扑火一般的爱情，又亲眼见证着刚满十岁的年轻新娘在婚礼现场的血泪与无助。

三毛不理解，为什么有些宗教可以把女人定义得一文不值，而生活在这样的宗教国家的女人们，却偏偏对她们的宗教有着超乎寻常的虔诚。她们的存在，似乎只是为了证明人间还有"悲哀"和"低贱"这样的字眼，就连她们的家人，面对她们的血泪和遭受到的伤害都习以为常，满不在乎。

　　三毛永远都无法忘记住在她家对面的小姑娘姑卡出嫁那一天的场景。在三毛的认知里，十岁的女孩还应该在课堂中畅想自己的未来，还应该在父母的怀抱中感受亲情与疼爱。可是在撒哈拉，有太多像姑卡一样的女孩，像牲口一样被家人卖给别人做妻子，对方不知道比她大上多少岁，甚至可能是一个老头，而这些女孩们，更绝不可能是丈夫唯一的妻子。

　　那一天，姑卡瑟缩在她家那个窄小而又肮脏的帐篷里，因为害怕，她的全身一直在不停地发抖，她恐惧的眼神中流露着让人心疼的神色。

　　帐篷外面，一场热闹而又奇怪的婚礼正在进行。沙漠中的婚礼不需要新娘的参与，女奴们在音乐声中把身体扭动出各种姿态，随着帐篷被掀开，姑卡成为新娘的那一刻也正式到来。

　　如此荒谬的婚礼，简直是一出人间惨剧。姑卡早已被人画好了媚俗的妆容，可是她不愿离开，双手死死地抓住门把儿，可依然抵抗不住三四个粗暴大汉的拉扯。她的嘴唇咬出了血，妆容早已经哭花。在一片混乱当中，她的贞操轻易被夺走，一个陌生的男人，就这样稀里糊涂地成为她和很多女人共同拥有的丈夫。

　　三毛的心头早已像被浇上了一瓢热油，可却无法凭借一己之力反抗当地的风俗。这样的风俗让她不敢与浪漫的沙漠联系在一起，可是残酷的枪声又再一次将她从对浪漫的幻想中拉回现实。

　　当地的沙哈拉威人与西班牙白人是不共戴天的仇人，在沙哈拉威人眼中，西班牙人和摩洛哥人是侵略者，他们的到来就是为了掩埋在黄沙之下的"黑色黄金"——石油。哪怕赤手空拳，他们也要把侵略者赶出自己的领地。然而几乎从没有受过任何教育的他们，却有些是非不分，经常有白人惨死在当地人的手中，就连从没有坏心眼的荷西和三毛都成为沙哈拉威人眼中的白人侵略者。

　　一次，三毛与荷西救了一名因为醉酒而差点死在沙哈拉威人手里的西班牙军人，从此以后，这名军人把三毛与荷西当成了救命恩人，经常无偿帮助他们。

　　这名军人与沙哈拉威人的仇恨产生于十六年前，那时他和弟弟随军团一同来沙漠中驻扎，一个晚上，他因为喝醉没能赶回军营，第二天一早，匆忙赶回来的他却发现，昨天还好好的军营如今却遍地尸体，他的弟弟就躺在一堆尸体中间，早已没有了呼吸。

　　原来是沙哈拉威人趁着夜色偷袭了军营，杀害了驻扎的军人，连尸体都懒得处理。仇恨的种子一旦埋下，就会深深扎根。

　　殖民者与被殖民者之间的战争，没有让三毛的心中产生任何偏私，她愿意救西班牙军人一命，也愿意无偿帮助沙哈拉威人购买便宜的物资。可她的行为却让痛恨沙哈拉威人的西班牙军人产生了误解，他将三毛当成了敌人的朋友，再也不愿与她有任何来往。

　　善良的三毛似乎一下子站在了敌对双方的夹缝之中，因为与西班牙军人来往频繁，沙哈拉威人也把她当成了敌对方，三毛曾经对他们一切的好，仿佛在一瞬间全被抹杀。他们把怨恨的目光投向三毛，嘴里说着要杀掉她这个叛徒。

　　她经常会到当地的孤儿院去看望那些可怜的孩子，可是这一次，当她伸手想要抱起一个小男孩时，却遭到了小男孩恶狠狠的拒绝，他的嘴里说着"杀掉 Echo，杀掉荷西"。如果不是被成年人强加在意识中的仇恨，这么小的孩子应该只有单纯的思维。三毛感到一颗心仿佛被揉碎了一般，随着下身一阵滚滚热流，三毛一下子昏了过去。

　　因为沙漠中的艰辛生活，三毛患上了下身流血的毛病，怎么治疗也不见恢复。当她醒来，已经躺在了医院，血虽然止住，可依然传来阵阵疼痛。匆忙赶回来的荷西告诉她,又看到有白人的尸体被高高地挂在井架上。

两个宗教之间的矛盾,诱发了两个国家之间的仇恨。当古老的文明碰撞到现代的文明,不仅没有产生融合,反而变成了战争的导火索。沙哈拉威人的愚昧和莫名其妙的自尊的确让三毛无法理解,而西班牙人的霸道和摩洛哥人的贪心,也都是她解决不了的难题。

撒哈拉沙漠已经变得不再适合西班牙人生存,荷西的同事们也纷纷把自己的家属送回西班牙。可是三毛下体出血的毛病越发严重,有时候几个月也无法止血,她的身体变得越来越虚弱,荷西不放心让她离开自己。

即将爆发的战争让药品变成了贫乏物资,三毛的病又被拖延了下去。就连去外面散步,都会看到写在墙上的鲜红标语:"让西班牙人像狗一样地滚出去。"

似乎离去已经变成了迫不得已的选择,对于将沙漠当作故乡的三毛来说,这是怎样一种割肉剐骨一般的痛。

她曾写道:

> 世界上没有第二个撒哈拉了,也只有对爱它的人,它才向你呈现它的美丽和温柔,将你的爱情,用它亘古不变的大地和天空,默默地回报着你,静静地承诺着对你的保证,但愿你的子子孙孙都诞生在它的怀抱里。

对沙漠的爱,让三毛宁愿用一生去守护,然而爱得再深,也抵挡不住缘分已尽。沙漠中的滚滚红尘,注定只能与三毛擦肩而过,命运的捉弄让她不得不萌生了离开的念头。因为如果继续执着,很可能会像那些惨死在沙哈拉威人手中的白人一样,用鲜血作为教训。

美丽的撒哈拉沙漠仿佛在三毛的心中施展了魔法,它依然在三毛的面前呈现着最美艳的姿态。越是觉得沙漠美好，三毛越是不舍，所有的错误都源于人们的意念，这片沙漠就像大多数人一样，充当着无辜的受害者。

这片沙漠也赠予了三毛太多的礼物，她在这里收获了浪漫的爱情、幸福的婚姻、纯真的友谊，还有文学上的巨大成就。沙漠中炽热的阳光晒干了她心中的潮湿，沙漠中的暖风吹散了她心头的阴霾，生活在这里，她感受到从未有过的快乐，一旦离开，她不确定这种快乐是否还能从别处找寻。

苦涩，是三毛此刻心头唯一的滋味。如果一定要离开沙漠，她甚至不知道该去往哪里。她把自己全部的爱送给了这片无垠的沙地，也许这份离别的苦涩将用余生去回忆，只要想起，便在心底蔓延，甚至直到来世。

挥别大漠，再次启程

油漆写成的战争标语把苍凉的沙漠渲染得一片鲜红，沙漠中人的生活却变成了一片黑暗。忧伤的阳光在沙漠中投下一片金黄，可是人的心情却如同黑夜般阴郁。

三毛最不愿意看到的战争还是爆发了，原本平静的生活在一瞬间变得一团混乱，整片沙漠就像一头在战争中哭泣的骆驼，在炮火与厮杀声中瑟瑟发抖。如果可以，她多想给沙漠一个深深的拥抱，用自己对沙漠深沉的爱，帮助它挺过战争的腥风血雨。

这不是三毛第一次经历战争，只是上一次她才刚刚出生，父母的怀抱给了她最温暖的庇护。这一次，战争就那样近距离地发生在面前，近得让她眼睁睁地看着自己的好友在战争中惨死。

美丽的沙伊达是三毛在撒哈拉沙漠中最好的朋友，沙漠中的女孩子大多有一双如同湖水般清澈的眼睛。也许是上天不忍心让这片沙漠显得过于干涸，才用一双双水汪汪的眼睛为这里增添些许灵气。

在三毛的眼中，沙伊达是她认识的最美丽的女子，她也是沙漠中唯一接受过高等教育的女孩子，因此，与其他女孩子相比，她的举止更加文明，谈吐更加高雅，还在镇医院工作过，是一名助产护士。

但是三毛不知道上天究竟是公平还是残忍，如此美好的沙伊达却一直孤身一人。她自幼就成了一名孤儿，她的美貌和接受过的教育又引来了当地女性的嫉妒，因此，除了三毛，她没有朋友。

其实，沙伊达有丈夫，还有一个四岁的儿子。她的丈夫巴西里是游击队的首领，更是沙哈拉威人心目中的英雄。西班牙人和摩洛哥人也十分惧怕这个带着游击队神出鬼没的首领。巴西里为了让自己没有后顾之忧，对外隐瞒了他和沙伊达的婚姻，连儿子都送进孤儿院寄养，就是为了避免妻子和孩子会成为敌人威胁他的把柄。

于是，可怜的沙伊达只能孤零零地生活在一个没有爱人、没有朋友的国度，只有三毛的友好让她感到欣慰。她也会经常在三毛的邀请下到她家里来做客。

沙伊达接受过的高等教育，让她并不赞同当地愚昧的风俗。与西班牙人打交道时，她从不拘谨，落落大方，甚至还把蒙在脸上的面纱摘下来。三毛就是这样见到了沙伊达惊人的美貌，她震惊得几乎不敢呼吸，生怕粗重的呼吸会破坏这完美的容颜。

大多数的人总是渴望和平，可是偏偏有一些心怀不轨的人喜欢战争。战争可以让他们得到平时得不到的东西，例如财富，又例如美貌的女人。

沙伊达的美貌早就让当地的一些流氓垂涎三尺，却因为巴西里的身份不敢轻举妄动。战争给了他们一个机会，其中一个流氓阿吉比被摩洛哥人收买，出卖了巴西里，可怜的巴西里被摩洛哥人杀害。之后，阿吉比又把出卖巴西里的罪名安在了沙伊达身上。本就嫉妒她的女人们用最恶毒的语言咒骂她，被怒火冲昏了头脑的沙哈拉威人把她高高地绑在广场上进行裁决。

这个愚昧的民族竟然保留着最下作的传统。按照传统，他们在处死沙伊达之前，可以对她进行强暴。

以阿吉比为首的七八个流氓强行撕开了沙伊达的衣服，她的身体被赤裸裸地呈现在人群面前，美丽的脸上写满了无助。他们又粗鲁地解开绑住沙伊达的绳子，将她按在地上轮番进行强暴。无论沙伊达怎样挣扎和喊叫，都没有人愿意上前帮她一把。那些围观的女人们，仿佛出了一口恶气一般，眼神中流露着满足和唾弃。

听到沙伊达被抓起来的消息，三毛疯了一般冲到广场，刚好看到这残忍的一幕。她想要冲到前面去救沙伊达，可是一个邻居女孩死死地拉住了她。她告诉三毛，那些愤怒的人已经失去了理智，他们本就把三毛当作敌对方，如果她此时出现，很可能会让怒火燃烧到自己身上。

如果可以救出沙伊达，三毛什么都不在乎。就在她与邻居女孩拉扯的时候，一阵枪响震惊了围观的众人。原来是巴西里的弟弟鲁阿高来救沙伊达，他拿着机枪朝着欺负沙伊达的人群扫射，可是很快就倒在了对方反抗的子弹之下，同样倒下的，还有刚刚遭受过强暴的沙伊达。

一阵枪响过后，围观的人群一哄而散，只有三毛还傻傻地站在原地。她看着鲁阿高和沙伊达的尸体，悲伤得忘记了哭泣。这是三毛第一次对血腥的味道感到恐惧，从前她曾经十分迷恋这个味道，如今却发现，这个味道，代表着生命的逝去。

直到荷西找到三毛，她还怔怔地站在广场上。荷西的手里紧紧地捏着一张机票，他告诉三毛，已经到了不得不离开的时刻，为了安全，她必须跟随撤离的队伍提前一步离开撒哈拉。

恐惧再一次弥漫了三毛的心头，因为她只看到一张机票。她在慌乱中朝着荷西的衣服和裤子口袋胡乱地摸索着，却没有发现另一张机票的存在。荷西告诉她,公司希望他暂时留守,组织人员撤离物资,等一切就绪,他就会去和三毛会合。

这简直就是一场逃亡,因为沙哈拉威人终于迎来了自己的独立日。摩洛哥人不愿意眼看着当地人为此而狂欢,也想要挤进来分一杯羹,并且一来就是两百万人的军队。

三毛从未想到撒哈拉沙漠也会变得如此拥挤与混乱,在逃离沙漠前的那个晚上,镇外的公路时不时传来爆炸声。一辆辆坦克从镇子里轰隆隆地开过,三毛吓得不敢开灯,只得在黑暗中摸索着整理行李。

在撒哈拉沙漠生活的三年里,三毛在这座破旧的房子里留下了自己的心血和欢声笑语。那些她与荷西共同打造的美丽家具统统不能带走。临行之前,三毛用手指轻轻抚摸着每一件家具,就像母亲在与自己的孩子诀别。

到了撤离的那一天,西班牙政府用扩音器在小城阿雍的街头巷尾不断地呼喊,提醒着妇女和儿童抓紧撤离。阵阵呼喊声终于让人们心头的最后一道防线彻底崩溃,大家慌乱地提着行李,从阿雍的四面八方涌向机场的方向。

看着如同决堤的河水一般涌动的人群,三毛一下子不知道自己该朝哪个方向走,每个认识她的人从面前经过,都会好心地提醒一句让她快逃。三毛眼睁睁地看着昔日热闹的小城在一瞬间空空如也,原本应该在街头维持秩序的警察也不见踪影。

1975年10月30日,这一天是三毛永生难忘的日子。那一天,门外传来阵阵敲门的声响,是荷西的同事,他们来接三毛去机场。三毛早已整理好了全部的行李,只有两个旅行包。走到门口,她再一次回头,深情地望了一眼这座住了三年的房子,然后在荷西同事的催促声中坐上了汽车。

这一年,三毛整整三十岁,依然十分年轻。她本以为自己可以和这片沙漠相依相偎许久,却没有想过会以如此狼狈的方式与它告别。撒哈拉沙漠是三毛前世的乡愁，也是她梦中的情人，就连荷西都会时常亲昵地称呼三毛为"我的撒哈拉之心"。

　　三毛成为最后一批离开撒哈拉沙漠的妇女。她曾经设想过一万种与撒哈拉沙漠道别的场景，每一种都是那样深情与浪漫，却从未想到会像如今这样慌乱。

　　坐在飞机上，三毛能够清楚地听到从心中传来思念撒哈拉沙漠的声音，只是这种声音无人能懂。她与沙漠的缘分已尽，就连停留下来都是一种奢侈。从此，三毛彻底告别了自己前世的乡愁，并且此生不复相见。

海岛 | 奔赴一段崭新人生

一直站在那里想了又想,不知为什么自己在这种情境里,不明白为什么荷西突然不见了,更不相信自己的眼睛——我的父母竟在那儿拿着一束花去上一座谁的坟,千山万水地来与我们相聚,而这个梦是在一条通向死亡的路上遽然结束。

生活扎根在沙滩上

　　记忆随着时光不断流逝，在撒哈拉沙漠中生活的三年零八个月却在三毛的心中扎下了深深的根。未知的前方变成了一条没有尽头的路，一切美好的过往都将不复存在，再浪漫的幻想，也抵不过残酷的现实。

　　有时候回忆起在沙漠中的那段生活，三毛仿佛做了一场梦。她分不清那些点滴的美好是真的发生过，还是只是梦中的场景。当看到亲笔写下的有关撒哈拉的文字，三毛才又忽然如梦初醒，原来这一切真的存在，只是太过久远，久到让人不敢相信。

　　从撒哈拉沙漠撤离的那一天，三毛坐的飞机缓缓爬升向三万英尺的高空。那些每天都会见到无数次的破旧帐篷从飞机下方一个个消失；曾经无比熟悉的阿雍小城，也终于渐渐变成了一个小黑点般的存在。

三毛甚至伤心得没有力气朝着心中的这片故土挥一挥手，只能在心中默默地说着再见。简单的两个字，却揉进了她的心酸与泪水。

身心疲惫的三毛在飞机上沉沉睡去，那片金黄色的沙漠又仿佛不肯割舍般闯入了她的梦中。金黄色的沙粒在三毛的面前闪着光芒，仿佛在向她微笑着敞开怀抱。穿着长袍的沙哈拉威人在充满异域风情的音乐声中翩翩起舞，那仿佛是三毛初临沙漠时的情景。生活在这里的每个人都安然地自得其乐。

就在刹那之间，刚刚的祥和景象统统消失不见，仿佛是电影中的镜头跳转，呈现在三毛眼前的是遍地的鲜血和残忍的杀戮。她几乎是尖叫着从梦中惊醒，阿雍已经完全消失在了飞机的舷窗之外。

原来这片沙漠早已经让她无法割舍，一旦想要忘却，就像用刀从心头割肉一般，肝肠寸断。她多想让时光倒流，回到没有战争的年月，重新来到沙漠中的这座古城，用心去体会它的风情韵味。

可惜这个世界上没有如果，命运如同一双手，推着她不得不离开。不过她永远忘不了在这里发生的一切，甚至在心中悄悄许下誓言，有一天，一定要再回到这里，问问这片沙漠，是否一切都好。

三毛曾经深信，人生中总有不期而遇的温暖，当一条路走到绝境，呈现在面前的，将是崭新的生活和生生不息的希望。只是这一次逃亡，三毛感受到了彻头彻尾的绝望，仿佛整个世界都背弃了自己，她的心中除了痛苦，就是为荷西担心不已。

她已经不记得飞机在天空中翱翔了多久，当终于感受到地球引力的吸引，飞机已经缓缓朝着地面的方向降落。三毛随着一同撤离的人群走下飞机，却惊讶地发现这里不是西班牙，而是西班牙的另一个殖民地——大加纳利群岛。

原来他们并没有回到欧洲，而是来到了南非。大加纳利群岛处于大西洋中，距离撒哈拉沙漠并不遥远。之所以在这里降落，是要等待那些留守在沙漠中的西班牙人。等公司的一切物资撤离完毕，他们将在这里同家人会合。这些即将赶来的人中，当然还有荷西。

人们把大加纳利群岛称作"大西洋中的珍珠"，因为它毫无棱角的圆润外形实在像极了一颗美丽的珍珠。

可是三毛没有心情欣赏这里的美丽，她的一颗心都系在荷西的身上。他还留守在位于撒哈拉沙漠的公司里，和同事们为撤离物资做着最后的努力。等待，耗尽了三毛的全身力气，她甚至不敢想象荷西在沙漠中面临的处境。

有时候，她也会同荷西通上话，"什么时候回来"成为她每次通话的开场白。话筒那边传来荷西依然温暖的声音，他总是告诉三毛："快了，快了宝贝。""快了"两个字，代表着不知何时是归期。每次通话过后，三毛都要捂着脸蹲在地上哭很久，她希望这样的日子快点到头，却又那样无能为力。

等待的日子里，三毛开始害怕睡觉。因为只要睡着，就会梦见摩洛哥的士兵把刀架在荷西的脖子上。三毛每次都从这样的梦中惊醒，听着耳边传来的海浪声，三毛的心绪变得更加沉重，久久都无法平静。

风平浪静的人生从来都不是三毛的追求，但她却不愿像现在这样茫然不知前路。她可以任由自己的脚步如同流浪般行走，可是此刻，她只能感受到压抑着神经的无助。

三毛一直认为自己的身上有一股神秘的力量，此时此刻，她愿意用尽全部的力量去为荷西祈祷。她的嘴里每天都念念有词，有时候她会忽然跳起来，用双手在空气中解开一些无形的咒语。人们把三毛当成一个奇怪的女人，可是为了荷西，再异样的眼光她也不在乎。

荷西已经成为三毛生命中不可或缺的存在，他们共同经历过甘苦，共同在沙漠中探险，共同打造出一个家，给了彼此世界上最好的爱情。她甚至想着，只有荷西好好地活着，她才有活下去的勇气，如果荷西死了，她也一定不会在这个世界上独活。

三毛发现，原来自己对荷西的爱已经深入骨髓，回想最初，她只是把荷西当成一个帅气的男孩子，即便重逢之后，也不过是因为荷西对自己的深情而感动。她甚至没有想过会同荷西结婚，即使是决定结婚的那一刻，荷西也并不是三毛的唯一人选。

可是沙漠中的相濡以沫，已经让三毛认清荷西是最适合自己的那个人。他是三毛的亲人和朋友，尤其是一同从炮火中走来，她更加会为失去荷西而感到害怕。

在大加纳利群岛等待荷西的日子，似乎每一天都是在黑暗中度过的，因为害怕失去，三毛几乎无时无刻不在恐惧中度过。只有香烟能缓解她紧张脆弱的神经，她变得烟不离手，只要出现在人们面前，三毛的身边一定是烟雾缭绕。

海浪成为等待亲人的人们眼中唯一的景色，人们曾经为它的浪漫而欢欣雀跃，如今感受到的除了单调，就是烦躁。三毛几乎不能安静地坐一会儿，只要想起荷西，她就会烦躁地在房间中踱步，好不容易让心情平静下来，房间的地面上已经扔满了烟头。

那段时间，三毛每天最少都要抽掉三包香烟，睡觉成为最奢侈的事情。她没有胃口吃饭，每天只有少量的水在支撑着她虚弱的身体。只要想到荷西可能遭遇不幸，她瘦弱的身体就伴随着海浪的敲击声瑟瑟发抖。

十四天，如同一辈子那样漫长。三毛在大加纳利群岛苦苦等待了十四天，直到第十五天，荷西才终于出现在了她的视线中。兴奋让她的脸色变得更加苍白，做了几次努力，喉咙都发不出任何声音。

她只好用双手抚摸着荷西的脸颊和身体，大大的双眼无声地流着眼泪。她终于盼回了自己最心爱的人，紧紧地将荷西抱住，仿佛要把两个人的灵魂融在一起，再也不要分离。

荷西不仅完好无损地回到三毛面前，还给她带来了更大的惊喜。他竟然在一片乱局之中把家里那些带不走的家具统统变卖掉，换回了一万两千元钱。能带走的东西，统统被他装上了雇来的一艘小船，里面有日常用的餐具、电器、被三毛捡来的当作宝贝的藏品，还有三毛母亲从国内寄来的粉条、冬菇、猪肉干。

三毛简直把荷西当成了崇拜的偶像，离开沙漠的遗憾，统统被见到荷西之后的温暖代替。原来荷西的爱才是世界上最昂贵的奢侈品，因为美好，所以在回忆时，才会在心头牵扯出千丝万缕的痛。

迎接海风，追寻人生

人的一生仿佛都在追寻中度过：追寻爱情、追寻梦想、追寻真理、追寻美景……每一次追寻，都要经历生活的磨砺和情感上的伤痛，有人开始质疑那些苦苦追寻的东西是否有其真正的价值，有人却坚定不移地在追寻的道路上继续前行。

刚刚从混乱的战争中解脱的三毛并未想过退缩，有荷西在的地方就是家，何况他们来到的是如此美丽的一座岛屿。

美丽富饶的大加纳利群岛是一处旅游胜地，这里妖娆的美景吸引着世界各国人来这里游玩、定居。四季不变的气候，让生活在这里的人们的性格也变得温和起来。虽然与撒哈拉沙漠只有一水之隔，四季如春的大加纳利群岛却仿佛让人们来到了另一个世界。

许多人喜欢人们对大加纳利群岛的定义，因为这里温度永恒、植物常青，因此人们总是喜欢来到这里追寻永恒的爱情。三毛却偏偏对这样的定义不屑一顾，她从不欣赏任何永恒不变的东西，那代表着枯燥无味，一旦枯燥，活着就没有任何意义。

三毛也并不是不喜欢这里，只是除了荷西的工作，并没有任何值得她在这里定居的理由。荷西天生爱水，又有专业的潜水员执照，住在一个临水的地方，可以为他找到更多工作的机会。

他们用尽全部积蓄，在这里买下了一座房子，那是一座西班牙风格的别墅。房子就位于沙滩旁边的山坡上，浪漫的三毛最喜欢从窗口眺望着不远处的海边，白色的浪花击打着她的创作灵感，拍打着翅膀的海鸟仿佛可以带走她全部的烦恼，再统统抛诸大海。

有了房子也就有了家，因为全部的钱都用来购买房子，荷西必须马上出去找工作，虽然花了不少的时间，但总算有了一份适合他的工作。日子终于迎来一个崭新的开始。两人在如此浪漫的别墅里，不禁开始畅想美好的未来。

经历了撒哈拉沙漠的动乱，三毛的心中有了顾虑，她不愿意再和周围的邻居有任何来往，哪怕住在周围的人都是想要来此休养的老者。

三毛宁愿在海边安静地看看风景，或者同荷西在海浪翻滚中钓鱼，等待鱼儿上钩时的寂寞也是一种享受。三毛全神贯注地盯着翻滚的海面，期待着鱼儿上钩。可一旦有鱼真的上钩，她的力气又招架不住，握着鱼竿的手连同手臂都在颤抖。荷西赶忙跑过来将她从背后拥入怀里，他的手握住她的手臂，一条大鱼终于被两人合力拉上岸。

与荷西之间的欢乐时光，经常让三毛感觉自己身在天堂。可惜她没有拿到在天堂永久居留的权利，刚刚一个月，就被无情地打回了现实——荷西失业了。

这里虽然临水，可是适合荷西的工作实在少之又少。住在这里的人似乎根本不需要工作，在慢得出奇的生活节奏里，怡然自得地活着。这种失业的状态持续了一个月，两个人终于捉襟见肘，甚至连买食物的钱都拿不出来。甚至有时候，两个可怜的人只能共同分享一包面，他们经常饿得连说话的力气都没有。

三毛忽然想到，荷西是台湾女婿，也许台湾可以向他敞开温暖的怀抱。人在走投无路的时候，也会暂时放下自己的尊严。三毛鼓足勇气给蒋经国写了一封信，详细讲述了她与荷西的困顿生活，恳请蒋经国能为荷西在台湾安排一份工作。

自从信寄出去之后，三毛就开始日日期盼，她甚至畅想着同荷西打包行李返回台湾的欢乐场景。然而现实再一次让她懂得什么叫作残酷，蒋经国的回信虽然委婉，却处处流露出拒绝。他告诉三毛，台湾没有适合荷西的工作。

一向看重尊严的荷西觉得自己在三毛面前伤透了面子，他不能允许自己靠妻子生活，他决定重返沙漠，回到原来的工作岗位上去。

当时，撒哈拉沙漠已经成为摩洛哥的领地，当地的游击队员依然在做着最后的抵抗。枪林弹雨在沙漠上空交织成死神搜捕生命的黑色巨网，几乎没有人愿意在这个可怕的地方多停留一刻。可是荷西原来工作的勘探公司不能搬走，为了吸引员工，老板开出了高额的薪资。

陷入绝境的三毛一万个不愿意让荷西回去冒险，可是留下来就意味着饿死，除了同意，她别无选择。

仅仅与荷西团聚了两个月，就又要面临分别。每隔一个星期，荷西才会从沙漠中回来一次。每次见面，他都会兴奋地往三毛的衣兜里塞进大把的钞票，仿佛只有这样才能让陷入困境的两个人重新感受到快乐的滋味。

荷西离开的日子里，三毛就会陷入深深的孤独与恐惧当中。隔一个星期见一次面实在太久，她时刻为荷西的安全担心，甚至担心他能不能安全地活到下一次见面。

她开始变得自言自语、惴惴不安，无论做什么事情仿佛都心不在焉。一次出门，三毛神情恍惚地走在马路上，丝毫没有注意到旁边飞驰而过的汽车。伴随着一声刺耳的刹车声，三毛倒在了马路中央。

这场突如其来的车祸令三毛右腿骨折，脊柱也严重受伤。为了照顾三毛，荷西毅然辞去了薪水丰厚的工作。在他的悉心照料下，三毛很快康复，可是这次治疗也花光了他们刚刚积攒下来的一点积蓄。

因为腿伤，三毛不能到处走动，每天躺在床上，她的精神几乎到了崩溃的边缘。一股神奇的力量又开始笼罩在她的周围，她能闻出这是一种死亡的气息，尤其是在寂静的深夜里，这股气息时常紧紧地压迫在她的胸口，几乎令她窒息。

三毛经常能够听到一个邪恶而又冰冷的声音，念念有词地说着"去把你的丈夫找回来——"每次听到，三毛都会不顾腿痛，用最快的速度来到荷西身边，死死地抱住他，让他不要离开自己，不要回到沙漠中去。

三毛一直以为，这股缠绕着自己的死亡气息是想夺走她的生命，于是她眼中含泪地问荷西："如果我死了，你怎么办？"荷西轻轻地回答："你死了，我也跟着死。"这虽然不是三毛想要的结局，可是却因为荷西对自己的一片深情而心满意足。

既然不能重返沙漠，荷西只好向世界各大公司发出自己的简历。可是每一封寄出去的信都如同石沉大海，得不到一丝回音。

两人剩下的钱已经越来越少，只好把每日三餐减少成一餐。即便是一餐，可能也只是一个面包或一包泡面。有时候荷西会带着三毛去打鱼，一条鱼可以撑过好几天。

为了不再让生活陷入困境，更为了不让荷西再到沙漠中去冒险，三毛再一次提笔创作。台湾的读者一直渴望能够再读到三毛的文字，只是她的身体状况不允许太过劳累，而她又不希望把文字当成谋生的资本。

可是这一次，她必须为了生存而写作。为了赚到足够的生活费，她必须接下比从前高出三倍的工作量，夜以继日地伏案疾书，用稿费支付日常的开支。但这才仅仅能够维持生活，根本谈不上有任何存款。

每当收到稿费，三毛从荷西脸上看到的不是兴奋，而是羞愧的神色。男人的尊严让他无法接受自己正在靠妻子养着。

三毛的健康状况终于被劳累拖垮，下身出血的毛病再一次复发。有时候，三毛能明显感觉到血流汹涌地从体内流出，仿佛想要带走她的生命。为了让血流的速度缓慢下来，她不得不平躺在床上，这样一来，根本没有办法写作。

迅速流失的血带走了身体中的温度，无论盖上多厚的毯子，三毛依然感到浑身冰冷。无论荷西怎样劝说，她都拒绝去医院治疗。因为他们手头实在没有多余的钱用来治病。并且那股神秘的力量告诉三毛，她患上的不是病，而是前世遭下的诅咒。

她只能躺在床上，默默地祈求命运的垂怜，希望在某一天清晨一觉醒来，血会神奇般地止住。

也许是因为虚弱，三毛变得越来越爱黏着荷西。她的情绪也变得十分脆弱，每次收到台湾的来信，都会大哭不止。

荷西决定把三毛送回台湾，因为如果继续跟着他在这里受苦，不仅得不到好的医疗救治，就连吃饭都成了难题。

三毛以为荷西愿意和她一同回去，她为此兴奋不已。荷西从来没有见过自己的家人，正好借这个机会让一家人团聚。可是荷西拒绝了，出于男人的自尊，他不愿让三毛的家人以为自己是因为走投无路才回去的。并且，残酷的现实让他知道，他们手头所有的钱只够买一张飞回台湾的机票。

三毛为荷西固执的尊严感到气愤。自从结婚以来，他们从未像这一次这样激烈地争吵过。三毛可以理解荷西的自尊，可是却觉得自己被这种自尊排斥在了外面，成为一个外人。争吵过后，三毛负气独自登上了飞机，直到飞机起飞，她才在强烈的思念中原谅了荷西。

荷西依然痴痴地站在原地，泪水已经湿润了他的眼眶。他根本舍不得让三毛离开自己一刻，可是却又因为无力照顾爱人而自责不已。纵然万般不舍，却只能用分别换来她的幸福。

去吧，等你回来

　　故乡是眼眸中的遥望，哪怕相隔千山万水，也无法忘记那股熟悉的气息。故乡亦是温暖的回顾，哪怕在现实中梦碎，回到这里也可以让满身的伤口痊愈。

　　当飞机在台湾的机场缓缓降落，三毛觉得自己一下子又变成离家之前那个无忧无虑的孩子。家乡的土地正敞开温暖的怀抱迎接着她的归来。走下飞机之前，三毛特意整理了一下衣衫，她要用最好的面貌与故乡和家人重逢。

　　没想到刚刚走下飞机，鲜花的海洋瞬间将三毛淹没，扑面而来的闪光灯晃得她睁不开眼睛。好不容易缓过神来，三毛终于看清，原来是热爱她的读者自发地到机场迎接她的归来。

　　他们的手中高举着小小的旗帜，三毛的名字就印在旗帜上面。她的耳畔传来读者的阵阵呼喊声。他们呼喊着她的名字，仿佛是她亲密的伙伴。

　　其实，三毛并没有觉得惊喜和感动，反而觉得这些读者的行为有些疯狂。可是她又不能阻止人们被她流浪般的生活所吸引，读者们对她与荷西之间的浪漫爱情与传奇经历已经不仅仅是羡慕，而是狂热追捧。

　　三毛是万千读者心目中的偶像，听说她要回国，人们迫不及待地涌向机场，想要一睹她的芳容。那一天，三毛并没有刻意打扮，而是维持着一贯的简单形象。浓密的头发被她松松地编成了两条粗粗的辫子，一双美丽的大眼睛仿佛在隐隐诉说着她的忧伤，眉宇之间依然可以看出她因思念荷西而纠结的眉头，并不白皙的皮肤早已被沙漠的狂风吹得有些粗糙。如果仔细寻找，不难发现岁月在她的眼角留下的皱纹。

可是读者们对她的崇拜无关容貌。他们认真在脑海中搜索着一切与三毛相似的形象，想要用一些知名的才女或是哀婉的角色与她进行比较。可是三毛就是三毛，她是世界上独一无二的存在，她是《撒哈拉的故事》中那个欢乐的主妇，也是读者面前这个忧郁的女子。

眉间的一点忧郁反而让人们对三毛更加痴迷，人们从未见过这样洒脱的女子，不矫揉造作，风轻云淡而又不羁地做着自己。

三毛从未想过自己在台湾会有如此广泛的知名度。离开台湾之前，她还是一个拼命想要逃离情殇的平凡女子，如今归来，却成为万人景仰的偶像。

在台湾，已经没有人不知道三毛的名字，听说她回来，没完没了的采访与应酬成为三毛每天必做的功课。

生活变得忙碌起来，这也是一种幸福。在饭局中，三毛也遇到了自己的偶像——知名作家徐訏。他创作的《风萧萧》是三毛读过的第一部小说，从那时起，她就对这位出色的作家十分崇拜。

在徐老面前，三毛一口气列出了许多自己读过的由徐訏创作的小说，除了《风萧萧》，还有《鬼恋》《江湖行》《吉卜赛的诱惑》等。徐老激动得说想要认三毛当干女儿，三毛马上当着众人的面行了女儿礼，拜徐老为干爸。

荷西希望三毛回台湾，还有另一个目的，那就是希望她能够在良好的医疗条件下治好下体出血的毛病。其实，三毛在国外也曾看过西医，医生告诉她，这是因为子宫内膜异位引起的卵巢瘤，需要进行手术治疗。

然而在台湾，三毛遇到了朱士宗医生，他是一位出色的中医，用六十粒中药丸就让她的病彻底痊愈。

在台湾的生活是那样安逸，安逸得让三毛觉得自己好像犯了不可饶恕的罪。她每天穿梭于各大饭局之间，可荷西却独自一人在遥远的孤岛上忍饥挨饿。每次看到宴席上那些美味佳肴，三毛都恨不得打包带回去给荷西。当看到那些吃不完的食物被倒掉，三毛觉得这简直是暴殄天物。

她的身体在一天天康复，对荷西的思念却在一天天剧增。尤其是到了夜晚，月亮从窗口倾泻下如水的清辉，三毛时常会望着月亮出神。她在想，荷西是否像自己一样也在对着明月倾诉着思念，于是忍不住轻声问道："荷西，我不在身边，你还好吗？"

荷西的确过得不好。自从三毛走后，荷西就在拼命地找工作，终于，尼日利亚给了他一个工作的机会，三毛回到台湾不久，荷西就只身远赴尼日利亚。

荷西在心中与自己暗暗地较着劲，他此刻要做的，就是赚到足够的钱，把心爱的妻子从台湾接回自己身边，再也不要她工作，更不能让她忍受病痛。只让她做个快乐的小女人，永远和自己厮守在一起。

他永远不会埋怨三毛在最困难的时刻离开自己，反而埋怨自己不能给三毛更好的生活。他知道，三毛在台湾可以过上更好的生活，可就是抑制不住如同潮水般汹涌而来的思念。自从有了工作，又听说三毛的疾病痊愈，渴望她能回来的念头就开始蠢蠢欲动。

荷西有时候也会耍一些小聪明。他没有直接在信中请求三毛回来，而是编出了一个假想中的美女邻居，说她会照料自己的日常生活，让三毛放心。

三毛怎么可能会放心？她早已归心似箭。为了从那个美女邻居手中夺回荷西，三毛迫不及待地结束了在台湾的环岛旅行，匆忙登上了飞回大加纳利群岛的飞机，奔赴一个只属于她的爱人。

见到荷西的那一刻，三毛的眼泪夺眶而出。这哪里还是那个健壮的荷西，不到三个月的时间，他竟然瘦了二十斤，那张如同海神一般英俊的脸庞，几乎已经瘦脱了相。三毛抚摸着荷西脸上的棱角，有说不出的心疼。

荷西工作的那家公司只有四名工作人员，老板是个十分狡诈的人。荷西本打算拼命赚钱，弥补一年来的损失，因此每天在热带的阳光直射下汗流浃背地工作十几个小时。可那个老板不仅扣下他的薪水，还扣下了他的护照。憨厚的荷西不知道如何维护自己的权益，只能默默忍耐，期望老板有一天可以良心发现。

三毛可不像荷西这样好欺负。她两次飞到尼日利亚，站在那个狡诈的德国老板面前，唇枪舌剑般地据理力争，终于讨回了荷西的护照和几千美金的薪水，还把消瘦的荷西带回了家，再也不让他为这样的老板卖命。

一个永远醒不来的梦

有些人，遇见了就在心中扎根一辈子，在对的时间遇到对的人，常常在午夜梦回，也不忘感谢缘分。如果时光可以倒转，三毛一定依然愿意重回西班牙，与那个帅气而又青涩的男孩再来一场华丽的相遇。如果可以，就让这个美丽的梦永远不要醒。

从台湾归来，三毛终于意识到了荷西是她生命中最重要的存在。随着她的稿费和版税不断增加，两人终于不再为生活而担忧，三毛又可以像从前那样悠闲地手持一杯咖啡，临窗眺望美丽的海岸线。

不久，荷西得到了一份在丹娜丽芙岛的工作。那是一座生机勃勃的年轻岛屿，各国的年轻人都喜欢在那里逗留，距离荷西和三毛居住的大加纳利群岛，坐船只需要四个小时。可是三毛不愿意与荷西分离哪怕片刻，毅然决然地随他来到丹娜丽芙岛定居。

西班牙海拔最高的山峰，就在丹娜丽芙岛的环抱之下，如同金字塔形的山峰，被天然地分成了三个颜色——最顶端的山峰终年覆盖皑皑的白雪，半山腰上却覆盖着绿色的植被,山腰之下的位置被暖融融的阳光闪出一片暖黄。三毛喜欢这座美丽的岛屿,也更加喜欢它饱含诗意的名字。

唯独让三毛感到不舒服的,就是岛屿上一种红色的植物。它的叶片颜色像极了陈旧暗红的血液。血液曾经是最能给三毛带来兴奋感的东西,就像小时候看家里杀羊那样,看到从羊身下流淌出的血将地面染成一片暗红色,她就会产生一种莫名的快感。

可是,这种血色的植物,现在只能让三毛感受到一种无形的诅咒。每次看到它们,三毛都忍不住想要呕吐。

似乎潜意识里在进行诀别前的厮守,三毛渐渐养成了在海边等荷西下班的习惯。荷西的潜水技能终于派上了用场,这里正在建造一片美丽的人工海滩,荷西的工作就是潜到水下考察海底的地形。

荷西对海洋的渴望终于得到了满足,三毛也觉得这样的工作是世界上最浪漫的工作。荷西在海底潜水,她就在岸边欣赏潮水送给她的礼物。有时候是一个美丽的贝壳,有时候是一株叫不上名字的植物,还有的时候是一块光滑平整得仿佛纸面一样的石头。

这些浪漫的礼物一下子激发了三毛画画的灵感。她赤着脚跑回住处,匆忙地寻找着画笔,想要把心中的幸福呈现在这块石头上。

莫名的幸福感让她持笔的手都在微微颤抖,她画了一棵长满了红色果实的树,七只白色的鸟儿围绕着果子幸福地盘旋。树枝最浓密的地方,坐着两个裸体的人,他们仰望着头顶的一弯月亮,淡淡的雨丝轻轻地扫过他们的皮肤。

这种无法形容的美感让荷西深深感动,他马上动手用粗麻绳做了一个小托盘,支撑着这幅石头画站立起来。画中的人就是亚当和夏娃,荷西轻轻地说:"三毛,伊甸园在这里。"

静静地欣赏了半天,荷西忽然想起,画在石头上的颜料也许不能在空气中暴露太久，他要把它拿走，好好地收藏起来。看着荷西小心翼翼的样子，三毛亲昵地把手掌放在他的头上，告诉他，以后自己还会画更多。

画笔之下，流淌着三毛浓浓的情愫，五彩的颜色，记录着她每时每刻感动的心情。丹娜丽芙岛的确是她与荷西的伊甸园，他们尽情享受着不被别人打扰的浓情蜜意，不用再为生活担忧，更不用为分离而伤心。

在丹娜丽芙岛的这一年，是他们最快乐的一段生活。这里的美时刻惊艳着三毛的双眼，这里的热闹与友善让她结交了很多的朋友。最重要的是她可以时刻陪伴在荷西的身边，没有争吵，只有温情。

如果可以，多希望一年可以延伸成一生。可惜一年的时间很快过去，荷西在这里的工作也进入了尾声。1978年的那个除夕夜，两个人在沙滩上席地而坐，荷西将三毛紧紧地拥在怀里，一同欣赏天空中绽放的朵朵烟花。

新年钟声敲响的那一刻，荷西要三毛许下十二个愿望。三毛在心中默念了十二次"但愿人长久"，却偏偏忘记了这首词的下半句是"千里共婵娟"。

在丹娜丽芙岛的生活，是三毛一生都不愿意做完的美梦，可是接下来的生活，却成了她一生都无法走出的梦魇。

荷西在丹娜丽芙岛的工作终于结束，公司又邀请他前往拉芭玛岛继续从事海滩改造工作。这不是三毛第一次来到拉芭玛岛，她曾经来这里旅游，却不喜欢这里盛行的诡异巫术，似乎家家户户都为自己掌握的巫术而自豪。虽然三毛一向认为自己身上有一种神秘的能量，可这股能量却对当地的巫术有着本能的排斥。

拉芭玛岛的风景的确美丽，可三毛在这里却只有一种想哭的欲望。尤其是看到岛上那两座闪耀着诡异蓝色光芒的火山，她就会联想到两座从远古时期就存在的坟墓。更让她不能接受的是，那种如同暗红色血液一般的植物，在拉芭玛岛生长得更加旺盛，目光所及之处，都能看到遍地流淌的"血色"。

两人背着行李刚刚走上这片岛屿，一个穿着怪异服装的女巫不知从哪里突然出现，她高高跳起，一把揪下了一绺三毛的头发，紧接着又发出怪异的号叫，揪下了一绺荷西的胡子。她的口中念念有词，完全不顾三毛与荷西诧异的目光，径自扬长而去。

三毛认为，这是女巫在他们身上撒播下了诅咒，不知哪一天，这个诅咒就会灵验，到时候不知会有怎样残忍的局面等待着他们去遭遇。恐惧迅速弥漫了三毛的全身，她近乎哀求地希望荷西能尽快带她离开这里，如果可以，最好辞去这份工作。

荷西只是温柔地冲着三毛微笑，他认为这是女人突发的神经质，事情不会像她想象的那样糟糕。

三毛拗不过荷西，只好随他在岛上居住下来。可是从来到拉芭玛岛的第一个夜晚开始，一个又一个噩梦就不断地闯入三毛的睡梦当中。三毛把这些梦称为"死亡梦魇"。

她曾在文字中记录下这些梦，梦中的她，置身于一座空旷的大厦里面，一种无边的恐惧冰冷地包裹着她的周身。她的亲人们围绕着她在四处走动，可是却全部如同影子一般模糊不清。三毛唯一清楚的是，这些人中没有荷西。

她在梦中无法说出任何语言，只是觉得亲人们似乎是在送她去远行。忽然之间，三毛看到一个扩音器悬挂在半空，虽然没有发出任何声响，她却知道自己离开的时间到了。

一股无形的巨大力量推动着她向前走，每走一步，仿佛都是踩在空气上。三毛害怕极了，却又无法叫喊。亲人们的身影如同鬼魅般向后飘着，他们的脸上甚至没有五官，只有平平的一片。

三毛开始越发慌张，她甚至不知道自己要去什么地方，一个意识告诉她："走的只有你。"她只能在心中无声地呐喊着"不要"，可还是被那股巨大的力量吸进了一个洞中。

等她睁开双眼，发现自己来到了一座古老的月台，她清晰地记得月台上方的数字是"6"。那股力量推动着三毛踏上了火车的台阶,可是她的灵魂却忽然出窍,飘浮在上空看着自己的身体仿佛在慌乱地寻找着什么人。

当灵魂再一次回到躯体,三毛忽然看见一个穿着红色衣服的女人边向她跑来,边挥着手。三毛终于能够发出声音,歇斯底里地向她喊着救命,可那个红衣女子只是笑着,向急得不行的三毛说了一句中国话。

直到火车开进隧道,三毛才一下子从噩梦中惊醒。她知道,这个梦一定有不好的寓意,从此以后,只有握着荷西的手,她才能睡着。可是即便如此,这些驱之不散的梦魇依然时刻围绕着她,一个人的梦境,总是那样凄凉,一个人的思念,总是那样不舍。

海风揉碎了她的苦等

如果相爱是缘,多想在缘分上锁一把永远都解不开的锁,让这份缘延续三生三世,让相爱的两个人,生生世世都有解不开的牵绊,两颗心无论隔得多远,都会在共鸣中寻找到彼此。

三毛坚信这个噩梦是死神发来的通知,只不过她错误地把即将死去的那个人猜成了自己。她甚至偷偷地写好了一份遗嘱,送到法院的公证处,并在心中暗暗许愿,希望自己离去之后,荷西能继续快乐地生活下去。

默默地做好了这一切,三毛不愿意再和荷西分开哪怕一秒。荷西工作的时候,她就坐在岸边痴痴地等,只要荷西浮出水面,就会把准备好的水果和点心喂到他的嘴里。

荷西也感受到了三毛的依恋,只要有休息的时间,他连潜水服都来不及脱,就直奔家的方向,哪怕与三毛待上几分钟也心满意足。如果三毛不在家,荷西就一间商店一间商店地寻找,直到找到她,再深情地把她紧紧拥抱在怀里。

三毛曾经摸着荷西的胡子告诉他，如果自己死了，他一定要娶一个温柔的女子。荷西气愤地回答，如果她死了，他就烧掉房子，独自坐着小船到海面上漂流到死。

看到三毛眼中的忧伤，荷西柔声安抚着她："我们要一直在一起，要到你很老，我也很老，两个人都走不动也扶不动了，穿上干干净净的衣服，一起躺在床上，闭上眼睛说：好吧！一起去吧！"

这句话反而撩拨起三毛的伤感，她答道："傻子啊！我不肯死，因为我还要替你做饺子。"可是眼泪却不受控制地汹涌而出。三毛只好双手掩面，跑到厨房去宣泄悲伤的情绪。

三毛尽可能躲避着一切被她认为不吉利的事情，一家杂志社向她约一篇题为"假如你只有三个月可活，你要怎么办"的稿子，三毛断然拒绝。她索性停下了手头的一切工作，全心全意地守着荷西。

当秋日的风弥漫在拉芭玛岛的沙滩时，三毛迎来了许久未见的父母。整个台湾的人都知道，女作家三毛有一个名叫荷西的憨厚丈夫，可身为三毛的父母，却从未见过这个可爱的西班牙女婿。

这是他们第一次见面，却也是最后一次见面。整座拉芭玛岛的上空，已经开始流淌着伤感的音符，只是重逢的喜悦暂时蒙蔽了他们的眼睛和耳朵，以为面前欢乐的气氛才是真实的。

在欧洲长大的荷西不习惯称呼三毛的父母为"爸爸""妈妈"，无论三毛怎样引导，害羞的他就是开不了口。直到一天晚饭过后，荷西突然叫了一声"爸爸"，原来是希望陈嗣庆可以劝说三毛，同意让荷西买一辆摩托车。

荷西果然如愿，他经常骑着摩托车带着"爸爸"在小岛上四处游逛，妈妈则默默地帮着三毛收拾家务，提着菜篮子到市场上去买菜。母亲提着菜颤巍巍行走的伛偻身影，仿佛在三毛的心头割了一刀，正是这"一刀"带来的痛，才警醒着三毛不能轻易放弃自己的生命。

那段时间，三毛的心头一直浮现着一种奇怪的感觉，却又分辨不出它背后的真正含义。在拉芭玛岛游玩了一个月，意犹未尽的父母决定到英国继续旅行，三毛打算陪父母同去。那一天，荷西说说笑笑地送他们去往机场，叮嘱三毛早点回来，可三毛却明显地感到心头一阵沉重。

一次看似普通的离别，竟然成为永诀。1979年9月30日，一个让三毛永生都无法忘记的日子，这一天在她的人生中留下了一片黑色的阴影，封印了她大部分的欢乐。

正在欧洲旅行的她忽然接到从拉芭玛岛发来的电报："荷西失踪，疑为遇难。"几个简单的字刺痛了三毛的双眼，当她用最快的速度赶回岛上，荷西已经失踪了整整两天。

她就跪在荷西失踪的那片海滩日日祈祷，希望用自己全部的忏悔换回荷西，哪怕他的脸毁了容，哪怕他的肢体已经残缺，只要他还活着就好。周围的人眼看着三毛的头发一天天变白，然而上帝依然对三毛的祈祷置若罔闻。

荷西终于被找到，只是此时的他，已经变成了一具冰冷的尸体。他的脸已经被海水浸泡得浮肿变形，可三毛依然一眼就能认出那就是她日思夜想的荷西。

她几乎疯了一般扑向荷西的尸体，趴在他的身上大声呼喊着的他的名字。可是无论怎样呼喊，荷西都再也无法像从前那样温柔地应答。忽然，荷西的眼中流出了血，所有人都惊呆了，三毛坚信荷西还活着，没有人忍心告诉她，是因为她剧烈的晃动加上空气的压力让尸体内的血流了出来。

三毛似乎也渐渐认清了现实，她忽然变得安静，不再摇晃荷西的身体，也不再呼唤他的名字。她的两只眼睛变得空洞无比，木然地坐了一阵子，忽然又疯狂地奔向不远处的一片丛林。

鞋子被她跑丢在沙滩上，尖锐的石子划破了她的脚底，鲜血汩汩流出，她这才回到荷西的身边，深情地凝视他一眼，然后晕了过去。

荷西的死变成了三毛生命中永远挥之不去的痛，荷西永远没有等到三十岁生日到来的那一天，三毛则永远没能跨越过荷西留给她的阴影。

那一晚，她坚持要与荷西进行最后的独处。她赶走了前来吊唁的所有朋友，虽然荷西的尸体在阳光的照晒下已经有些腐烂，可是三毛依然坚信，这具躯体里还停留着荷西的灵魂，她要和他的灵魂进行最后的道别，这是他们夫妻之间最后一次对话。

三毛对着荷西的尸体轻轻诉说："你不要害怕，一直往前走，你会看到黑暗的隧道，走过去就是白光，那是神灵来接你了。我现在有父母在，不能跟你走，你先去等我。"

说完这一句，三毛忽然感到一阵莫名的气愤。说好了共同白首，可这个看似憨厚的西班牙人却撒了一生中最大的谎。悲伤让三毛变得疯狂，静静等待在房间里的父母只听到外面传来一阵阵惊悚的咒骂声。

那是三毛对荷西的不告而别进行谴责，她痛骂着荷西的不负责任。言语上的责骂似乎已经不解气，她开始乒乒乓乓地摔着东西，并围着荷西的尸体转圈。然而，无论三毛做怎样的努力，荷西都不可能再活生生地站起来，温柔地喊她"Echo"，再紧紧地拥她入怀。

都说能用一生守候的是爱，然而荷西留给三毛的情，却需要她在滚滚红尘中用尽一生去怀念。

他乡 | 万水千山都是流浪

不要问我从哪里来,我的故乡在远方,为什么流浪,流浪远方,流浪。为了天空飞翔的小鸟,为了山间清流的小溪,为了宽阔的草原,流浪远方,流浪。

墓草倾听一段爱情

当悲剧在猝不及防间降临，人们总是本能地选择逃避。然而无论是否相信，悲剧依然不可避免地呈现在面前。三毛终于接受了荷西死去的事实，她生命中的色彩，也随同荷西的生命，在这个世界上消失殆尽。

自从荷西死后，三毛常在深夜中惊醒，像从前一样想要握住身旁的温暖手掌。以前，只要是荷西握着她的手，她就能重新沉沉睡去。可是如今，她能握住的只有一片虚无和空气中浓得化不开的悲伤。

在为荷西举行葬礼之前，三毛执意要亲手为荷西挖一座墓穴。这座墓穴是用三毛的眼泪和泥土混合而成，不知睡在里面的荷西是否能感受到妻子对他的思念。

巨大的悲痛让三毛的心再次破碎，荷西曾经用一颗黄金打造的心换走了三毛伤痕累累的心，可如今，黄金打造的心脏也能清晰地听到破碎的声音，这一次，再也没人可以与她交换。

三毛用悲痛中残存的一丝理智写下这样的文字：

> 感谢上天，今日活着的是我，痛着的也是我，如果叫荷西来忍受这一分又一分钟的长夜，那我是万万不肯的。幸好这些都没有轮到他，要是他像我这样地活下去，那么我拼了命也要跟上帝争了回来换他。

没有人会不为这样的情感心酸。看着荷西的棺木即将放入墓穴，三毛再次如同疯了一般死死地护住棺木。她天真地以为只要阻止葬礼的进行，荷西就不会从这个世界上消失。

看着沉浸在巨大悲痛中的三毛，她的父母感到心中如刀绞般疼痛。逝去的灵魂终究需要安息，无论三毛怎样阻止，荷西依然要如期踏上通往天堂的路。为了让三毛冷静下来，父母让人给她注射了一支镇静剂。她终于失去了挣扎的力气，却固执地不肯睡去，躺在床上如同梦呓一般，一遍一遍呢喃着："荷西回来。"

镇静剂的强大作用终于让三毛安静地睡了一个晚上，第二天天刚亮，镇静剂的作用还没有完全消退，三毛就挣扎着从床上爬了起来，跌跌撞撞地跑去木匠店，为荷西订制了一座十字架，上面刻着"荷西·马利安·葛罗。安息。你的妻子纪念你。"

三毛用尽全身力气，费力地把十字架拖到了荷西的墓地，插在了墓前，然后，轻轻地依靠在墓碑上，仿佛依靠着荷西坚实的臂膀。她喃喃低诉着两人之间美好的点滴，仿佛荷西就在她身边，与她应和着，说着爱人之间的悄悄话。

墓地再一次变成了三毛最喜欢去的地方。她从前喜欢墓地，是因为这里住着安静而又善良的灵魂，如今则是因为这里住着荷西，她最爱的人。

有时候，当三毛在黑夜里从噩梦中惊慌失措地醒来，遍寻不着荷西的身影时，就会疯狂地跑到墓地，抱着荷西的墓碑失声痛哭，直到哭得没了力气，才在啜泣声中抱着墓碑沉沉睡去。

睡眠只能暂时缓解伤痛，当第二天醒来，看到东方升起的太阳，想到每天的这个时候，荷西都准备出门去工作，泪水便再一次模糊了三毛的双眼。她多想像从前一样，在荷西出门之前给他一个深情的吻，可是如今双唇能够触碰的只有冰冷的墓碑。

荷西的离去，粉碎了三毛所有的坚强。她常常在墓地里一坐就是一天。当日近黄昏，到了墓地锁门的时间，守墓人也不忍心催促三毛离去。

只要母亲发现三毛不见了，在墓地中一定可以找寻到她的身影。就像小时候从墓地找到三毛一样，母亲会牵着三毛的手回家。只是这一次，母亲的心头没有恐惧，只有说不出的心痛和伤心。

偏偏有人要在三毛的累累伤痕上撒一把盐。她的婆婆从西班牙赶来，气势汹汹地夺走了荷西的全部财产。三毛的心早已痛到麻木，这些身外之物永远换不回荷西的生命，留下来也没有任何意义。她只要一张荷西的照片，每天带在身旁，就如同荷西陪伴在左右。

父母眼见着三毛在悲痛中一天天消沉下去，她的容颜越发憔悴，脸上瘦得仿佛只能看到一双大大的眼睛。他们想要带三毛回台湾休养，可是三毛只想留下来陪伴荷西。无意间，三毛的视线中出现了父母伛偻的身影，她忽然发现，原来悲伤也在残忍地折磨着两位白发苍苍的老人。

此时此刻，三毛成为父母全部的牵挂，她终于同意和父母回台湾，只是临行之前，她要与荷西做最后的告别。

三毛的吻终于落在荷西的墓碑上，回忆起当时的场景，三毛写下这样的文字：

> 我最后一次亲吻了你，荷西，给我勇气，放掉你大步走开吧！
>
> 我背着你狂奔而去，跑了一大段路，忍不住停下来回首，我再度向你跑回去，扑倒在你的身上痛哭。
>
> 我爱的人，不忍留下你一个人在黑暗里，在那个地方，又到了那儿去握住你的手安睡？
>
> 我趴在地上哭着开始挖土，让我再将十指挖出鲜血，将你挖出来，再抱你一次，抱到我们一起烂成白骨吧！
>
> 那时候，我被哭泣着上来的父母带走了。我不敢挣扎，只是全身发抖，泪如血涌。最后回首那一眼，阳光下的十字架亮着新漆。
>
> 你，没有一句告别的话留给我。

她的手中依依不舍地反复摩挲着十字架上的铭文，目光痴痴地看向坟墓，仿佛可以看到荷西那张英俊的脸庞、那双深情的眼睛。荷西灿烂的笑容，已经永远在最美好的年华里定格，他注定永远不会衰老，永远带着这副容貌走进三毛的梦中。

父母终于还是带走了三毛，弥漫着死亡诅咒的拉芭玛岛，成为三毛永世都不愿再回忆的地方。荷西带走了三毛全部的痴情，她的生命中从此再无爱情出现。

人死了，爱却还在。回到台湾的三毛并没有从丧夫之痛中走出，她每天做的最多的事情就是站在窗口发呆。父母知道，她眺望的是荷西的方向，她的灵魂依然留在荷西身旁。他们担心，说不定这个痴情的女儿会突然决定随荷西而去。

年迈的父母已经无法接受再失去一个亲人，何况三毛是最令他们疼爱的女儿，母亲决定找三毛谈一谈，希望将她从悲伤的深渊中拉出来。

三毛果然坦白地告诉父母，她的确想过结束自己的生命，听到这样的话，父亲再也掩饰不住悲伤与愤怒，他大声地斥责三毛："你讲这样无情的话，便是叫爸爸生活在地狱里，因为你今天既然已经说了出来，使我，这个做父亲的人，日日要活在恐惧里，不晓得哪一天，我会突然失去我的女儿。如果你敢做出这样毁灭自己生命的事情，那么你便是我的仇人。我不但今生与你为仇，我世世代代要与你为仇，因为是——你，杀死了我最最亲爱的女儿——"

三毛没有勇气去反驳父亲的字字血泪，她知道从小到大父母为她操了多少的心。可是想到自己抛弃了荷西独自生活在这个世界上，三毛就会感到一阵羞愧。荷西曾说，如果她死了，就烧掉房子，独自乘坐小船在海上漂流到死。于是，三毛开始绝食，用并不激烈却同样残忍的方式折磨着自己。

母亲在门外的痛哭哀号终于唤醒了三毛的意识，她忽然从悲痛中清醒，如果她死了，父母怎么可能活得下去？她要撑下去，至少有父母在的日子里，她还不能去陪伴荷西。

与荷西的那些过往，只好让它暂时在身后定格，对荷西浓浓的思念，只能让它暂时沉淀在心底。三毛在心中默默地对荷西说着对不起，她必须先尽到女儿的孝道，然后再与荷西重温往日的温情。

痛苦在静默里山崩

巨大的痛苦，往往隐藏在静默之中。平静的表面，不过是在掩饰下面的暗潮汹涌。悲伤让整座城市都变得惆怅，在深夜中绝望地张开双眼，夜幕中的星光也照得人心中越发寒冷。

如同雪片般飞来的读者信件，让三毛忽然感觉到自己在这个世界上并不孤独。他们对荷西的死表示哀悼，同时希望三毛早日走出痛苦的阴影，重新提笔，创作出更加精彩的文字。

好友琼瑶也专程来探望三毛，她是三毛十分欣赏的作家，可以说是琼瑶的作品伴随着三毛一路成长。当三毛也成为文坛的一分子，她有了与琼瑶相识的机会。两个天性浪漫的女子一见如故，很快就成了要好的朋友。

这一次，琼瑶同时肩负着三毛母亲的委托，老人家希望她能够劝说三毛打消自杀的念头。没有人知道琼瑶究竟对三毛说了些什么，只知道两人不眠不休地长谈了七个小时，三毛才好不容易暂时放弃了轻生的打算。

多年以后，回忆起那次与琼瑶的长谈，三毛写道：

> 自从在一夕间家破人亡之后，不可能吃饭菜，只能因为母亲的哀求，喝下不情愿的流汁。那时候，在跟你僵持了七个小时之后，体力崩溃了，我只想你放我回家，我觉得你太残忍，迫得我点了一个轻微的头。

足以见得，同意不自杀，不过是三毛的无奈之举。她的心中已经埋下了死亡的种子，走上绝路，似乎也只是时间早晚的问题。

至少，这一个轻微的点头也可以让父母安心。他们欣慰地以为，在有生之年，不会遭遇白发人送黑发人的悲剧。然而这只是他们一厢情愿的乐观，多年以后，三毛的悲观终于还是战胜了理智，与父母不告而别。

不过，这次与琼瑶长谈之后，她对父母立下了保证：

> 在这世上有三个与我个人死亡牢牢相连的生命，那便是父亲、母亲，还有荷西，如果他们其中的任何一个在世上还活一日，我便不可以死，连神也不能将我拿去，因为我不肯，而神也明白。

也许在说出这些话时，三毛是真心的，只不过思念的恶魔并没有随着时间的流逝而放过她，反而步步紧逼，吞噬着三毛仅存的一丝理智。

令三毛痛苦的不是现实，而是回忆。只有荷西的温柔能让她笑得最甜，也只有荷西的死能让她痛得最真。想念是一种刻骨铭心的痛，只要袭来，便挥之不去。

三毛的世界因为荷西的离去而变得孤独，茫茫人海中，再也找不到那双深情的眼睛。明媚的阳光也无法驱散心头的阴影，走在喧闹的都市里，心头反而弥漫着孤独的凄冷。三毛早已不知快乐为何物，她独自咀嚼着岁月赐予的苦涩。割不断丝丝缕缕的思念，生怕一不留神，那些曾经的美好就会从她的意识当中抽离。

烦恼总是容易在清闲中滋生，为了让三毛忘掉痛苦，家人们希望她能够忙碌起来，于是为她安排了一场又一场的读者见面会、签名会、巡回演讲，希望喧哗的人群可以冲散她心头的忧伤，却没想到只换来她的厌烦和排斥。

她的精神已经处在崩溃的边缘，人多的地方只会让她的神经变得更加敏感脆弱。她需要一场彻头彻尾的休养。这种休养不是安静地待在家里，而是要走入她最喜欢的大自然当中。在自然的天地里，重新找寻世外桃源般的恬静。

经过一番考虑，三毛收拾了简单的行囊，开始了流浪的旅程。她的家乡注定在远方，就连她自己也不知道哪里才是正确的方向。索性让脚步漫无目的地飘荡，也许天涯就是故乡。

因为不愿让悲伤成为生命的终点，所以三毛带着伤痕累累的心四处流浪。心中的伤痛也许会随着岁月的风沙慢慢散去，当某一天太阳升起的时候，也许会面对朝阳，露出一抹会心的微笑。

流浪，是三毛一生的夙愿。在少年时代，她就曾许愿要游遍万水千山，让世界的每一个角落都留下自己的足迹。漫无目的的流浪，也许会遭遇挫折，也许会被旅途中的狂风暴雨撕碎飘摇的衣角，然而一颗心却会淬炼得更加坚强。

这不是三毛第一次开始流浪般的旅程，就连义无反顾地去往沙漠也不是第一次。在三毛的少女时代，还在西班牙读书的她，就已经把流浪当成了爱好，去过法国、丹麦、捷克、荷兰、德国、南斯拉夫、波兰、美国、英国、意大利等国度。虽然还算不上万水千山走遍，但至少已经比同龄人去过的地方多上许多。

她在流浪的脚步中写意着时光，想用纷纷的落叶记录下过往。然而那些或美好或忧伤的回忆，无论用双手怎样去打捞，也拼凑不出当初的模样。三毛许愿走遍万水千山时，荷西还没有出现在她的生命中，可此时此刻，她最希望出现在身边的就是荷西。

1980年的春天，三毛过完了三十五岁的生日。在那之后，她支撑起落寞的身影，独自登上了远行的飞机。她已经许久没有独自乘坐过飞机，上一次还是在荷西的执意要求下回台湾探亲，又在荷西的呼唤声中重返他的身旁。

一念恍如隔世，荷西召唤自己的声音仿佛还在耳畔回响，他带着微笑、长满胡子的脸庞似乎昨日还曾相见，可是他偏偏早已离去，一去就是永恒。

在登机之前，三毛用力地甩了甩头，仿佛这样就能甩掉头脑中的杂念。可她无论如何也阻止不了心里呼唤荷西的声音。这声音是那样清晰，似乎在催促着她早日离荷西近一点，更近一点。

三毛为自己规划了一次漫长的旅行，泰国是这一次旅程的起点。在泰国清澈透明的大海上，三毛体会了一次永生难忘的飞翔。巨大的降落伞背在她的身后，有人驾驶的汽艇在她面前急速航行，风迅速灌满了她身后的降落伞，在汽艇的快速拉动和风的作用下，三毛飞了起来。这种飞翔的感觉似曾相识，三毛享受着失去重力的快感，却又忽然想起，这像极了在梦中灵魂出窍的感觉。

三毛不禁惊诧，原来自己注定摆脱不掉那段梦魇，更不曾想到，梦魇真的会与现实发生重合。

当她乘坐的飞机跨过香港与昆明的上空，最终在瑞士机场徐徐降落时，三毛决定从瑞士火车站乘火车去往洛桑。瑞士火车站是一座古老的建筑，不知为何，三毛总是觉得眼前的景象有些似曾相识。

在洛桑，三毛住在一位女性朋友家里，短暂停留之后，她又要去往意大利。在意大利停留几天之后，她又要去往阿根廷探望一位老邻居。三毛低着头走上火车月台，无意间抬头，忽然发现月台的上方有一个醒目的阿拉伯数字"6"。

三毛惊讶得忘记了呼吸，梦中的场景竟然与现实发生了重叠。她慌忙地向四周看去，果然和梦中一样，有三个士兵在月台上抽着烟。看到三毛注视他们的目光，他们也把目光转向了这里。他们穿着绿色的制服，戴着红色的肩章，冲三毛轻轻微笑。

三毛赶忙跌跌撞撞地爬上了火车，火车外面一个红色的身影远远地朝她跑来，一边跑一边挥手。原来是三毛的一位法国女性朋友，她赶来为三毛送别，嘴里用中文说着："再见了，要乖乖的呀！"

三毛简直不敢相信眼前的场景，噩梦与现实残忍地纠葛在一起，从这一刻开始，三毛的精神变得恍惚，经常坐汽车过了站，或者买东西忘记找钱。旅行再也不能带给她快乐，无边的梦魇已经彻底将她吞噬。

我的故乡在远方

有人说生命是一种轮回，每经历一次，都会有一些过往在轮回的道路上散落。有人依稀残存着记忆的碎片，凭借模糊的印记，想要将那些已经变了形的故事慢慢拼凑，却无论如何都拼不出最初的模样。

三毛一生中的流浪，似乎都在受着前世的指引。她总是觉得，自己的故乡不在重庆，也不在台湾，而是一个遥远得不知道叫什么名字的地方。

她想要寻找到自己前世的故乡，流浪是她唯一的寻找方式。每一个踏在地上的足印会给她灵感，她知道，虽然自己不知道最终的目的地是哪里，但是脚步一定会指引着她找到正确的方向。

在寻找前世的故乡之前，三毛想要再去看看荷西。离别已经近一年时间，不知道荷西是否感到孤独。她又回到了大加纳利群岛，那里是荷西最后安葬的地方。这里曾经带给三毛人生中最快乐的一段时光，在跨年夜晚许下的愿望似乎还在耳畔回荡，可拥她在怀里的那个人，如今却被荒草掩埋。

虽然只离开短短的一年，荷西的墓地却发生了很大的变化。三毛亲手安插上去的木制十字架已经在风雨的侵蚀下有些腐坏，荷西的名字也变得模糊不清。三毛一遍遍地在心中责怪着自己，她认为是自己没有照顾好荷西，让他独自在岛上承受风雨。

于是她买来了油漆，亲手将荷西的名字和那段铭文重新勾勒好，她的眼泪早已打湿了脚下的泥土。粉刷一新的文字并没有让三毛感到心安，她要多陪陪荷西，向他倾诉这一年的离别之苦：

荷西，我回来了，几个月前一袭黑衣离去，而今穿着彩衣回来，你看了欢喜吗？向你告别的时候，阳光正烈，寂寂的墓园里，只有蝉鸣的声音。我坐在地上，在你永眠的身边，双手环住我们的十字架。我的手指，一遍又一遍轻轻划过你的名字——荷西·马利安·葛罗。我一次又一次地爱抚着你，就似每一次轻轻摸着你的头发一般的依恋和温柔。我在心里对你说——荷西，我爱你，我爱你，我爱你。

似乎有了荷西的陪伴，三毛一颗居无定所的心再一次找到了归宿。她决定留下来，不是陪伴荷西，而是让荷西陪伴自己。

先前购买的房子已经被婆婆变卖，三毛只好重新再买一座房子，就像从前一样，在岛上开始世外桃源般的生活。

此时此刻，三毛最需要的就是宁静的生活。为了避免有人打扰，她刻意避开了那些风景秀丽的海滩，专门在一处怪石林立的地方选了一所房子。海浪不眠不休地时刻拍打着海岸上的礁石，发出嘈杂刺耳的声音，可是这样的声音反而能让三毛的内心感到宁静。

名誉、地位、金钱，都无法带来真正的幸福，反而会让人感到疲累。三毛从不需要为生活担忧，可是她的内心却超越常人的疲惫。蔚蓝的天空也无法安抚她疲惫的心神，阳光下的世界仿佛充满了带着死亡气息的寂静，她正在这片死气中一点一点地消亡着自己。

这片怪石林立的海滩成了三毛的庇护所，因为这里没有浪漫的景致，又似乎有些危险，因此来岛上的游人都会避开这片海滩，因此三毛可以在这里享受着不被打扰的宁静。

三毛曾说自己是个"俗人"，永远都摆脱不了物质的束缚。她喜欢把家里布置成自己喜欢的样子，哪怕离开许多东西也能活下去，可这些东西依然要存在。

她请来装修师傅，按照她的要求，在房子里装修出藤条装饰和烤漆工艺，并且将她的屋子全部用木板隔起来。躺在床上就能闻到木头的味道，这是她最喜欢的自然气息，就像当年逃学时躲藏的那片小森林一样。

这一次，三毛不再去外面捡拾旧物，因为再也没有人汗流浃背地在太阳下帮她打造家具。她买了一张布满小碎花的沙发，这也成了家里面唯一显得活泼一些的摆设。

每次流浪到一个地方，三毛总是喜欢在当地选一些纪念品。这些东西都被她摆在了房间里，有非洲的乐器、有阿富汗的手绘皮革……各式各样的纪念品填充着整座房子，似乎只有这样才能让自己显得不太孤寂。

三毛不喜欢玫瑰的浓艳，不喜欢百合的素雅，她只喜欢康乃馨的温馨。于是，康乃馨也成了唯一一种常年插在花瓶里的花卉。因为在三毛的心目中，康乃馨代表着荷西，它层层叠叠的花瓣，像极了荷西深情的眼神。

除了精心布置房间，三毛对生活再没有更多的奢求。她不喜欢华丽的服饰，也不偏爱精美的佳肴，她的吃穿简朴得像一名老者。三毛也真的如同一个时日无多的老人一样，打算静静地在海边度过自己的余生。

在她住的这片海滩，唯一能见到的人就是退休的老者，他们不是为了欣赏优美的风景，而是和三毛一样，想要寻找内心的宁静。看着他们白发苍苍的伛偻身影，三毛觉得自己似乎和他们没有什么区别。

对荷西的思念如同热油一般煎熬着三毛的心。她开始试着修炼一种巫术，据说这种巫术可以和死去的人对话，这让三毛重新有了活下去的希望。她每天对着荷西的照片，与他长时间地对视。没有人知道这种巫术是否真的存在，也许强烈的思念真的可以唤回一个远去的灵魂，也许那些所谓的对话，不过是因为过度思念而产生的臆想。

除了对着荷西的照片发呆，做家务成了三毛唯一的爱好。她用刷子近乎疯狂地刷洗着石片打造的地板，仿佛这样就能让她暂时忘却对荷西的思念。直到全身没有力气，才会疲惫地一头栽倒在沙发上。

隔着海洋，三毛可以远远地眺望到拉芭玛群岛，那是荷西最后生存的地方，也是那片海域无情地吞噬了荷西的生命。只要想到那散发着幽蓝光芒的火山，恐惧就会遍布三毛的全身，"拉芭玛岛"这四个字，只要想想都是痛，更不要提故地重游。

　　三毛在心中把那里定义成了人生的禁地，无论脚步流浪到哪里，拉芭玛岛都不会成为中途的驿站。她对那里只有满满的恨意，是它让荷西英俊的脸庞变得浮肿、腐烂，是它让那颗黄金打造的心脏变得支离破碎。

　　三毛的状态引起了好友们的担心，为了让她走出伤痛，朋友们总是想方设法地叫她一同外出旅行。有时候三毛实在推脱不过，只好同行。可是每当走到一个让她会想起荷西的地方，她就会立刻退出这次旅行，独自飞奔回家。

　　朋友们并不会因此怪罪三毛，他们知道，她的古怪行为全部源自对荷西的爱。他们希望能够有一个人替代荷西在三毛心中的位置，于是只要有优秀的单身男士，就想介绍给三毛。

　　即使没有朋友们的引荐，三毛的身边也从不缺少追求者。甚至有许多已婚男士都明确表示，愿意为了三毛放弃自己的婚姻。这样的说辞只会让三毛觉得恶心，他们丑陋的嘴脸哪里能比得上荷西的一分一毫？就连同时说出他们与荷西的名字，都是对荷西的一种亵渎。

　　偶尔，三毛也会出席一些酒会，此时的三毛，已经算不上漂亮。沙漠的风已经让她的皮肤变得粗糙，与大多数台湾女孩水嫩白皙的皮肤完全不同。她也不爱刻意打扮。酒会上的她，永远像在沙漠中一样穿着一袭宽松的白衣。粗糙的头发没有任何修饰，总是松松地编成两条麻花辫，没有任何头饰，也没有一点珠光宝气。

　　可越是这样，那些男人越是觉得三毛有神秘的魅力。她就像是一名不羁的吉卜赛女郎，哪怕不说话，周身散发的神秘气息也会把人们吸引到她的身旁。

这样的生活让三毛感到厌倦，她隐隐觉得，到了该离开大加纳利群岛的时候了。这一次离开，她仿佛一同带走了荷西的灵魂，这样，一个人的旅程也不会寂寞。

她真的要开始寻找前世的自己，探访前世的故乡，直觉告诉她，前世的故乡在美洲，于是，1981年，在台湾《联合报》的支持下，三毛前往美洲。

这是一次回忆之旅，脚下踩着空白的记忆，寻找着时光的印记。美洲的风在她的脸上继续刻下沧桑，在找到前世的故乡之前，她还无法卸下一身的悲伤。

万水千山寻你身影

一念起，万水千山；一念灭，沧海桑田。在有限的生命中遇见一个人，时间刚好不早不晚，又温暖地相惜相守，一切只因为缘。

缘起让人感激，缘灭让人怨恨，在相遇的刹那，有谁会想到终将离别？然而这一切都是生命中早已铺陈好的风景，无论是刻骨铭心的思念，还是撕心裂肺的伤痛，都是人们无力去改变的人生际遇。

可是三毛偏偏不愿意接受命运的安排，就像她拼命想要通过巫术与荷西对话，就像她执意想要寻找前世的自己。

她经常说，可以感受到前世的自己，这种感觉既陌生，又熟悉，仿佛已经在自己身边环绕了多年。有时候，这种奇妙的感觉也会在夜晚钻入三毛的梦境，在梦里，她清楚地看到前世的自己——一个印第安的传人。

第一次来到撒哈拉沙漠，这种前世的感应就时不时钻入三毛的思绪，并且越发强烈。只是那时她的大部分生活被快乐和满足占据，并没有刻意想要深入挖掘这种感应。

当三毛今世的灵魂重回孤寂，寻找前世的念头也就强烈了起来。当一些媒体机构听说了三毛的感应，甚至比她自己有着更浓厚的兴趣。也正是因为有了媒体的支持，三毛才有了美洲之旅的动力。

不知道三毛对前世的感应是否只是头脑中的想象，她的确有这样的特质。每当生活遭遇变故，她便会在心中为自己构建一个美丽的世界，时间久了，连她自己也分不清哪个才是现实。

不过，对于支持她的媒体来说，即便寻找不到前世的故乡，也不会有什么损失。三毛这个名字就具有巨大的吸引力，哪怕将这次旅行当作一次单纯的采风，读者们也会热情地追捧。

如果说三毛对前世的感应仅仅来自想象，那么不得不佩服她的想象相当缜密。她甚至想到了自己前世的名字叫作"娃哈"，并且坚信，在古老的印第安部落的族谱中，一定可以找到这个名字。

对前世的感应指引着她的脚步来到了美洲最原始的一片印第安部落，这里是位于厄瓜多尔中部的安第斯山脉。频繁爆发的火山是印第安居民最大的隐患，火山总是毫无规律、毫无征兆地喷发，顺着山脉流淌下来的滚滚岩浆不知吞噬了多少印第安人的生命。

可是这个古老的民族依然顽强地在这里延续了下来，这里的印第安人有着最纯正的血统。还没有进入村落，回家的感觉就已经强烈地弥漫在三毛的心头。

淳朴的当地居民为三毛提供了住所，他们住的床是用玉米叶子编织而成的。他们会把玉米研磨成玉米粉，再制作成玉米饼。三毛学着印第安人的样子做着这一切，令当地人感到惊讶，为什么这个外来的女孩子可以做得如此熟练，仿佛从小就生活在这里。

三毛对这座古老的村落没有丝毫的陌生感。每天早晨，她会帮着自己居住的那户人家喂猪,还会娴熟地从一种植物中挤出浆液,再把麦片放在里面熬煮,做出一顿热气腾腾的当地早餐,然后再与房东一家一同进餐,就像一家人一样。

三毛觉得,当地印第安人生活和劳作的方式,仿佛是打开她前世记忆枷锁的钥匙。他们勾起了她对前世生活的回忆,只要看着他们的动作,前世与今世的映像就会完美地重叠,无须刻意学习,只要凭着那些回忆,三毛就能娴熟地完成一切工作。

她就仿佛一个还没有长大就被带到外面的孩子,虽然不会说家乡的母语,但是只要重新回到那个语言环境,潜藏在记忆深处的意识就会瞬间恢复。

女人的确是水做的,印第安村落的一草一木都在撩拨着三毛的眼泪,这是一种久别重逢的情感,流泪只因对这里的爱太深。

喷涌的火山岩浆不知吞噬了多少位于山脚下的村落,许多村民的生活物品和没来得及逃走的动物全部被埋葬在了火山灰的下面。整片土地都是灰褐色的,没有一株植物可以在这里存活下来,就连坚硬的岩石上都布满了火山喷发留下来的伤痕。

这片被火山灰覆盖的土地就位于多巴湖的旁边,这里也成了三毛最喜欢去的地方。她时常拿着一根小木棍随意地翻找,有时候会找到一些保存完好的陶罐,有时候也会发现一些已经成为化石的动物尸体。

似乎是这些动物尸体痛苦挣扎的姿态刺激了三毛的记忆,她一下子回忆起更多与前世有关的事情。眼前仿佛在上演一部古老的电影,那个叫作娃哈的女孩就是电影中的主角。这个女孩子正在慌张地四处逃亡,三毛赶紧闭上眼睛,想要回忆起更多细节。

是的,记忆的闸门已经被完全打开,一个凄美的故事呈现出完整的雏形。在三毛的记忆中,娃哈的三万名族人被想要征服印第安部落的人残忍地杀害,这其中就包括她的曾祖父。他们的心脏被挖了出来,又被扔进了湖水当中,因此人们将这座湖称作"心湖"。

那些征服者还抓走了娃哈的父母，只有她和祖父幸存了下来，一老一小相依为命。娃哈从小跟着做药师的祖父学习各种草药的药理，为村民们治疗疾病。随着娃哈渐渐长大，祖父也日渐衰老，终于撒手人寰。

可怜的娃哈成了一名孤女，就在这时，一名英俊的猎人出现在了她的生活中。他最终成了娃哈的丈夫，并且十分疼爱娃哈。就在娃哈怀孕的时候，为了给娃哈补身体，猎人从心湖中捕来了几条鱼。湖里的鱼都是吃着祖先的心脏长大的，族人们说，吃了这些鱼会遭到报应。

果然，娃哈因为难产，死在了一个寒冷的冬夜。三毛终于记起，原来娃哈的含义，就是"心"。

伴着深情的泪水，三毛将自己前世的故事汇总成文字。国内的读者读到这个故事后，又一次引发了巨大的轰动。

三毛在印第安部落里足足生活了一个多月，有关这里的见闻全部被她发表在了《联合报》上。虽然寻找前世故乡的愿望终于实现，可是写作似乎变成了一项任务，这让三毛觉得有些索然无味。

她本想在印第安部落里多停留一段时间，可是三毛的身体本就虚弱，又在美洲水土不服。她所在的印第安部落位于高原，于是三毛患上了一种名叫"索诺奇"的高原症，耳朵里的巨大压力让她感到锥心的疼痛。为了减小耳压，三毛不得不时刻张大着嘴巴，可是并没有太大效果。

她尝试了许多草药，病症没有得到丝毫缓解。三毛终于认清，心愿已经达成，也到了该离开的时候了。

乡愁是一种哀怨，重回前世的故乡，是人生的另一种圆满。在流浪的旅程上，三毛没有迷惘，更没有丢失了自己，至少能够回忆起前世的故事，已经无憾。

欢与痛，已是往生

寻找前世的夙愿已经实现，却似乎并没有带来任何欢愉。环顾四周，自己依然形单影只，即便微笑，能面对的也只有孤单的身影。

这次旅行对于三毛的意义，只剩下了完成报社交给的采风任务。离开印第安部落，她继续走了许多地方，采风的任务地点一般都是各地的名胜古迹，例如墨西哥的"金字塔"、洪都拉斯玛雅人的"哥庞废墟"、哥伦比亚的"黄金博物馆"、秘鲁的印加古城"玛丘毕丘"。

三毛只能感觉自己的脚步在机械般地行走，她早已没有了流浪的兴致。此刻的她更像是一具只会完成任务的躯壳，她的灵魂已经留在了印第安部落，只有偶尔在神灵的面前，灵魂才会感到指引，回到她的体内。

虽然自幼信仰基督教，可三毛从不排斥任何其他宗教。有时候，她的口中也会喃喃念诵着佛经。她并非为自己祈求一些什么，只是单纯地祷告，为自己无处安放的灵魂找到一处容身的所在。

死亡一直能够激起三毛心中的涟漪，小时候玩耍的墓地、撒哈拉沙漠中的野外坟场，都是三毛喜欢流连的地方，死人的气息让她觉得安稳。自从荷西死后，"死亡"更是成了一个能够触碰到心扉的字眼，她希望自己也可以死去，只是人世间还有太多未了的情，这份情，是与父母难以割舍的亲情。

这次旅行，除了印第安部落，墨西哥的博物馆也许是唯一让三毛印象深刻的地方。看惯了东方人的秀气与欧洲人的精致，这里的粗犷竟然也有着别样的风韵。每到一座城市，三毛一定会到当地的博物馆走一走，既对这个城市有个初步的了解，又为采风的文字搜集一些素材。

在墨西哥的博物馆，三毛发现了一座面目狰狞的神像，这超越了三毛对神像的一切认知。她见过的神像，不是像耶稣一样带着坦然的神色替世间的百姓接受惩罚，就是像圣母玛利亚那样满脸慈爱的神色。佛教的神像更是多慈眉善目，不是脸上带着微笑，就是在欢快地哈哈大笑。

这座神像中散发出来的邪气吸引着三毛向她走去，她赶忙问向导，这尊神像有什么寓意。向导告诉她，这座神像的名字叫作"自杀神"。一座神像的名字竟然与死亡有关，三毛的兴趣更是越发浓厚。

据她了解，没有任何一个宗教会倡导它的信徒去自杀，那么，这位"自杀神"的存在究竟代表什么寓意？是准许人们有自杀的权利，还是干脆鼓励人们去自杀，还是专门负责那些自杀的灵魂，抑或是专门负责惩罚自杀的人？

三毛站在"自杀神"的面前，与神像对视了许久，忽然之间，她好像与神像心意相通，想明白了一件事。原来，自杀神的作用，是解放那些生不如死的灵魂。没有人比三毛对死亡的渴望更加强烈，活着已经变成了对她的一种折磨，然而她却不能轻易死去，这种滋味，比死亡更加痛苦。

对有些人来说，死亡才是真正的解脱。这并不意味着在这个世界上永远消失，而是重新走上生命的轮回，换取一次重生的机会，用一个全新的面貌重新认识这个世界。

那些早已落幕的往事，只在三毛的生命中留下迷离。那些已经失去的拥有，让她心伤。鲜红的颜色和血腥的味道始终压在心头，让心变得沉重，行走的脚步也因此而沉重。

三毛拖着疲惫的身躯完成了这次采风的任务，历经半年时间，走遍了墨西哥、洪都拉斯、哥斯达黎加、巴拿马、哥伦比亚、厄瓜多尔、秘鲁、玻利维亚、智利、阿根廷、乌拉圭、巴西等南美洲国家。

该看的已经看到，该记录的也写在了文字之中，她开始迫不及待地想要结束这次旅程。浮生再美，也不过是苍天的捉弄。

南美洲之行的所见所闻，都成为《万水千山走遍》一书的素材。三毛的文字再一次在读者间引起轰动。当她的脚步重新踏上台湾的土地，身份也同时发生了巨大的转变。

人们已经不甘心看到三毛只是一位著名女作家，他们希望能了解她更多的故事，也能从她的身上学到更多东西。于是，三毛成了一名老师，在文化大学教授"小说研究"和"散文习作"。

其实，写作本是天赋，三毛并不需要讲太多专业的东西，她的流浪经历本身就是最好的教材。她亲身经历的故事可以引导听课的学生，走出狭窄的空间，到更广阔的天地里寻找创作的灵感。

第一次来学校授课，听课的学生们挤满了整间教室，"像是一颗颗软糖装在大肚小颈的瓶子里溢了出来"。对于学生们来说，三毛不仅是一名来教写作的老师，更是一位大名鼎鼎的作家。她在人们的心目中一贯保持着神秘的形象，虽然并非三毛刻意为之，可学生们还是想要抓住这次机会一睹她的真容。

原本硕大的一间教室此刻却显得那样窄小，看到还有同学没有座位，三毛索性把自己的椅子也让了出去。那一天的三毛，依然像平时一样穿着一条过膝的素白长裙，一头浓密的头发挽成了一个发髻，脸上略施薄粉。只要听到她的声音，学生们的精神就会不知不觉间放松，一堂课很快就过去了。

在学生们的面前，她不是那个头顶着光环的知名女作家，只是一个走遍了万水千山的行者。她将自己的经历娓娓道来，讲述自己的年少轻狂，讲述她在岁月中如何成长。

三毛的确已经成长，她已不是当年那个倔强而又不羁的小女孩，岁月教会了她淡然处事。年近不惑，她开始有些思念自己出生和成长的地方，尤其是当听说台湾当局已经允许台湾居民回大陆探亲的消息，她对自己从未去过的那个故乡更是心生向往。

回浙江舟山的陈家祠堂祭祖，一直是三毛的愿望，她也终于成为最早从台湾回大陆探亲的一批人。离开大陆时，三毛还是一个几岁的女童，关于大陆的一切印象早已变得模糊。

站在令她魂牵梦萦的陈家祠堂中，三毛在供桌前按照当地的习俗点燃六炷清香，双手合十举过头顶，一抹郑重的神情挂在脸上。

祭拜过祠堂，三毛又来到祖父坟前。她从未见过自己的祖父，可那条割不断的血脉让她的眼泪在祖父坟前如同断了线的珠子般落个不停。一束鲜花是她早已准备好的祭品，被她恭敬地摆放在祖父坟前。

她又点燃九炷香，按照当地的习俗，其中三炷是祭拜祖父，三炷祭拜祖母，另外三炷是祭拜天地。之后，她轻轻地捧起祖父坟前的一捧乡土，装进盒子里，准备带回台湾。她又在祖屋的井中打了一瓶水，同样装好。她打算用井中的水泡着家乡的土喝下，据说这可以包治百病。

她从不在乎人们将她回乡祭祖的活动说成做样子，自己的本心没有必要向别人解释。对大陆的乡愁，就像开启了一瓶陈年的美酒，在香醇的香气中，还可以看到岁月的浮光掠影在琼浆中穿梭。

梦落 | 滚滚红尘，不枉此生

我的一生，到处都走遍了，大陆也去过了，该做的事都做了，我已没什么路好走了。

灵魂在文字里飞升

从小到大，文字一直是三毛最好的朋友。任何的快乐与失望，都可以尽情用文字倾诉。手握钢笔在纸上写下自己的心情，仿佛灵魂在笔尖上舞蹈。

三毛永远都不会忘记自己人生中读过的第一本书，那是张乐平的漫画《三毛流浪记》。她觉得自己就如同漫画中那个流浪的三毛，因此在心中已经把漫画的创作者当成了自己的另外一个父亲。

随着年岁的增长，三毛想要见一见张乐平的愿望越发强烈。自从台湾居民可以回大陆探亲，这个愿望更加有了实现的可能。于是，1988年，三毛经过一番深思熟虑，给张乐平先生写去了一封信。

> 乐平先生：
>
> 我在三岁的时候，看了今生第一本书，就是您的大作《三毛流浪记》。后来等到我长大了，也开始写书，就以"三毛"为笔名，作为您创造的那个三毛的纪念。在我的生命中，是您的书，使得我今生今世成了一个爱着小人物故事的人。谢谢您给了我一个丰富的童年。

当时已经八十岁的张乐平先生，正在遭受帕金森综合征的折磨。三毛的来信却仿佛一剂良药，为病中的张乐平先生注入了一丝活力。他的双手已经颤抖，可是却执意在纸上画了一幅流浪儿三毛的画像，作为给三毛的回信。

这封回信成为三毛与张乐平先生通信的动力，一封又一封信往来于台湾与大陆之间，传递着两代作家的相互欣赏与真情。三毛在其中一封信中写道："三毛不认三毛的爸爸，认谁做爸爸？"信的背面写的是这么一句："我是您另一个货真价实的女儿。"

张乐平先生对三毛称自己为父亲也欣然接受，他在回信中写道：

> 能在晚年认上这么个"女儿"，这该是我人生道路上的一件快事了。我多子女，四男三女，正好排成七个音符。这一回，三毛再排上去，是个"i"，是我家的"女高音"。

文字牵系着三毛与张乐平先生的缘分，张乐平先生对三毛这个女儿的认可，仿佛一阵微风拂过心房，舒了三毛的心。她开始隐约有一个期盼，期盼见面的时刻早些到来，她知道，"父女"重逢的场景一定饱含着满满的幸福。

这一天终于在三毛的努力下到来了。1989年，三毛开始了第二次回大陆的旅行。这一次，她要专程拜访张乐平先生。听说三毛要来，张先生坚持拖着病体在弄堂口等待三毛，就像一个年迈的父亲在家门口期盼一个远行的女儿回家。

刚刚走到弄堂口，三毛就见到了张乐平先生的身影。一种说不出的亲切和伤感瞬间涌上心头，眼泪控制不住地流下，三毛"扑通"一声跪在了张乐平先生的脚下，匍匐着身体，用颤抖的声音喊着："爹爹，我回来了。"

三毛的泣不成声让张乐平先生也忍不住老泪纵横，他已经认定，三毛就是他的女儿，他要和女儿好好地说说话，听一听她在世界各地见到的风土人情。

三毛绘声绘色的讲述让张乐平先生乐得合不拢嘴。他喜欢三毛陪伴在身边，两个人总有说不完的话题，从不担心冷场，也永远不会尴尬。

可惜相处的时光总是短暂的，三毛只能在这里待五天时间，"女儿"再次远游，张乐平先生有诸多不舍。他用慈爱的声音叮嘱三毛："世事艰险，你要保重！女儿离开了父母，就靠自己了。"这一句话开启了三毛眼泪的闸门，她已经哭得泣不成声，只能不断地点头，在心中默默保证，一定会回来看望"爸爸"。

在后来的一次采访中，三毛曾说道：

> 我原来一直有一点困惑，为什么一个姓陈，一个姓张，完全不相干的两个人，又隔了四十年的沧桑，竟会这样接近和沟通。现在我明白了。我和爸爸在艺术精神和人生态度、品位上有许多相似之处，所以才能相知相亲，不仅能成为父女，还是朋友、知己。有这样的爸爸，这样的家庭，我感到幸福。

张乐平老先生又何尝不是有着同感。他从三毛的身上仿佛看到了自己年轻时的影子，她身上的多情、乐观、倔强、好胜、豪爽而又有正义感，有时又显出几分孩子气，像极了张先生画笔下的流浪儿三毛。

神秘的中国大陆向三毛敞开了一个全新的怀抱，虽然走遍万水千山，可是没有任何一个地方能像中国大陆一样有如此精彩纷呈的面貌。她走过如画江山，也走过沧海桑田，只有走在大陆的土地上，才能感觉到自己走过了似水流年。

三毛不愿辜负任何一次回大陆旅行的机会。1990年，她索性为自己制定了一条穿越大陆的旅行路线：广州—西安—兰州—敦煌—乌鲁木齐—天山—喀什—成都—拉萨—重庆—武汉—上海—杭州。

此时此刻，归期成了最不需要考虑的事情，没有时间的束缚，流浪的脚步也就如风一般自由。

三毛没有想到，大陆之旅也能勾起往日的情愁。大西北苍茫的戈壁，像极了让她留恋终生的撒哈拉沙漠。她的灵魂仿佛可以在一片荒凉之中自由自在地遨游。那是一种近乎魂牵梦萦的熟悉感，她在文字中写道："那接近零度的空气里，生命又开始了它的悸动，灵魂苏醒的滋味，接近喜极而泣，又想尖叫起来。"

在敦煌，三毛结识了一位从事莫高窟研究工作的人员，他的名字叫作"伟文"。三毛对大西北苍凉的情愁感动了他，在他的帮助下，三毛得以进入洞穴，在里面待一会儿。

阳光无法穿透莫高窟的洞穴，三毛必须借助手电的光亮缓慢前行。她看到了洞穴中"飞天""舞乐""天龙八部"等壁画，在手电昏黄灯光的照射下，仿佛神迹一般笼罩着金黄色的佛光。

仿佛有一种冥冥中的指引，三毛关闭了手电，却在黑暗中摸索着来到了一尊佛像的面前。那是一尊巨大的弥勒佛塑像，他的脸上挂着欢快的笑容，眼神中弥漫着对世人的慈爱。三毛虔诚地跪拜在弥勒佛的面前，恭敬地说："敦煌百姓在古老的传说和信仰里，认为，只有住在兜率天宫里的你——'下生人间'，天下才能太平，是不是？"

问过这句话，三毛能够明显感到佛像的身上渐渐变得光明灿烂，她甚至能够隐约感到弥勒佛宽厚的手掌正在抚摸着她的头顶。他依然带着灿烂的微笑，用浑厚的嗓音问三毛："你哭什么？"

三毛仰望着弥勒佛的容颜，答道："苦海无边。"弥勒佛的声音依然饱含慈爱："你悟了吗？"三毛一下子开始哽咽，不知如何回答，只想能伏在佛像的脚边泣不成声。

弥勒佛一眼就能看穿三毛的心事，他缓缓说道："不肯走，就来吧！"三毛的心头因这句话变得轻松，仿佛一下子卸下了心头的全部重担。她带着企盼的语气请求弥勒佛，希望他能感化研究所的工作人员，让她留在这里，做一名打扫洞穴的人。

然而弥勒佛却说，三毛人生的终点并不在这所洞穴里，而是要重新回到人群之中。三毛不知该说些什么，只是颓然地坐了许久，才听到弥勒佛用浑厚的声音让她离去，并且让她放心，还会有再来的时候。

说过这一句，弥勒佛便闭口不语。三毛有些恍惚，不知佛像是真的发出了声音，还是在通过心灵的感应与自己对话。

只是她初入洞穴时的那种沉重已经消失不见，走出洞穴，三毛的口中一遍遍念诵着"南无阿弥陀佛"，然后登上山坡，感受岁月的流逝。

不知多少次回眸，才能将大陆的山水欣赏透彻。不过，这一次回归，三毛已经清晰感到了岁月年轮对柔软心灵的滋润。风过耳畔的声音，让她听得如痴如醉，岁月的明媚，牵动着她悸动的灵魂。

光影交织，人生一梦

人生的对对错错，不过是年华流逝里的日月无声，水过无痕。岁月的光影交织成人生一梦，梦中落花流水，雕栏依旧，流年浸染着寂寞，往事繁华落尽。

生活中有许多的转瞬即逝，一路走来，三毛早已经将一切名利看淡。只有读懂了时光，才能以一颗平常心去看待人生。就仿佛手捧着精致的瓷器，总是担心会失手打碎，一旦真的碎了，也就真的释然了。

一直以来，似乎总是名利主动找到三毛，她却从未刻意去追名逐利。对她来说，名利只不过是牵绊住自由脚步的负累，只会把一颗向往自由的心禁锢在牢笼里。

当听说好友琼瑶有进入影视圈的打算，三毛是第一个举手反对的人。她甚至觉得单纯的语言劝说力量不够，索性公开发表了一篇文章表示反对：

> 你再拿自己去拼了电影，你拼了一部又一部，不懂享受，不知休息，不肯看看你的大幅霓虹灯闪在深夜车区的中国台北高墙上时，琼瑶成功背后那万丈光芒也挡不住的寂寞。

这些看似是规劝琼瑶的字句，其实也是三毛说给自己的。一些不得不做的工作，已经占据了她大部分的时光，分给家人的时间实在少之又少。自从荷西离开之后，她便明白，有些时光错过了就再也不会重来，她希望琼瑶不要重蹈自己的覆辙，应该把大好的时光用在亲情与爱情上面。

然而命运总是最善于颠覆人们心中的执念，那些再三认为自己永远不可能做的事，却会在某个猝不及防的时刻向世人展露出最妩媚的姿态，诱惑着你向它一步步靠近。三毛从未想过，自己笔下的《哭泣的骆驼》，竟有一天会由自己亲手改编成一部名为《滚滚红尘》的剧本。

这是三毛一生当中唯一一次与影视圈的亲密接触，《滚滚红尘》也是她创作的第一部也是最后一部电影剧本。这仿佛是命运对她的一次嘲笑，让她亲自违背自己的誓言，对影视圈萌生一丝希望，然后再用残酷的现实，将她的希望撕得粉碎。

1986年，曾执导过《似水年华》的著名导演严浩在无意间看到了《哭泣的骆驼》一书，瞬间就被其中跌宕起伏、情节紧凑的故事所打动。他希望同三毛合作，把这本书拍成一部电影，并且坚信，两个充满才华的艺术家聚在一起，一定会创造出一个不朽的艺术经典。

可那时的三毛依然执着于自己不进影视圈的诺言，她拒绝了严浩的邀请，无论他怎样劝说，答案永远是"不"。

其实，对于影视圈，三毛并不是绝对的排斥。电影同样是一门艺术，对艺术天生的喜爱让三毛对电影情有独钟。只不过，大部分的电影已经渐渐商业化，她不愿意将文字仅仅当作谋生的手段，因此才不愿成为电影编剧。

没有任何人会在时间的流逝中一成不变，不同的经历带来不同的领悟，曾经执着的念头，也会在某些特定的时刻发生改观。

在独立编写电影剧本之前，三毛受法国电影导演贝特杭的邀请，与他共同编写了一部反映越南难民生活的电影剧本，之后又与百老汇导演史丹利合作编写了一部歌舞剧。从这时开始，她对编写电影剧本已经不再像当初那样排斥，甚至隐隐渴望能独立完成一部电影剧本的编写。

仿佛是命运的刻意安排，正在此时，严浩再一次请求三毛出山。时隔上一次来访，已经过去了四年之久。这一次他不是独自前来，而是带来了两位影视明星——秦汉和林青霞，作为自己的说客。

出于礼貌，三毛答应与他们共进晚餐。在席间，三个人想尽一切办法尽力劝说，可三毛依然没有下定决心，只好推脱说自己要去欧洲旅行，恐怕没有多余的时间。

不知道编写这部电影的剧本是三毛的宿命，还是上天对说谎者的惩罚，那天晚上回到家，三毛一不留神竟然从楼梯上跌了下来，摔断了三根肋骨，肋骨插入肺部，一个肺不得不被切除。

在住院的两个月时间里，写作成了唯一打发时间的事情。也许是觉得屡次拒绝严浩，心中有些许愧疚，三毛便开始趁着住院的期间编写《滚滚红尘》的剧本。酝酿这部剧本，仿佛是在病中孕育一个孩子，每一次落笔，三毛都能感觉到笔尖流淌出来的是自己的心血。

她曾将创作这部剧本形容成"痛彻心扉地开始，一路写来疼痛难休，脱稿后只能到大陆放逐，一年半载都不能做别的事"。

当她把厚厚的一摞用稿纸写成的剧本交到严浩手中时，严浩感动不已，当即决定马上就开始筹备拍摄。

三毛虽然向往自由不羁的生活，可是对于自己的工作向来认真负责。电影拍摄期间，她几乎时刻跟随在片场，时不时做些必要的修改。所有的工作人员都看到了一个勤恳敬业的三毛，对她钦佩不已。

那是一段辛苦的经历，电影拍摄的工作几乎没日没夜，一刻也不能停歇，每天至少要拍摄十六个小时，睡觉的时间不足四个小时。三毛更是将仅有的一点空闲时间都用在了完善电影镜头上。她把脑海中想象的画面都画成画，九十多个镜头就要创作六百多张画。

电影拍摄结束，并不意味着可以放松一下。为了电影的宣传，三毛同样也要接受没完没了的采访。每天她都奔走在各大采访地点之间，没有吃饭的时间，只能在不断转场的路上用饼干填饱肚子。短短七天之内，三毛就接受了二十八次采访。

然而，这部倾注着三毛全部心血的电影却成了观众心目中的"阳春白雪"，因为太过浪漫和文艺，显得有些曲高和寡，很少有人愿意掏钱买票到电影院中看这部电影。三毛的第一部电影剧本，最终竟然以票房失败而告终。

真正的艺术只有懂得艺术的人才会欣赏，虽然票房不佳，但是在专业影评人的眼中，《滚滚红尘》的确是一部少有的经典之作，更是获得了金马奖的十二项提名。可是这些奖项提名中，却并不包括"最佳编剧"。

原本专注于故事情节的三毛，却在当时站在了舆论的风口浪尖。人们纷纷把欲加之罪冠在了她的头上，说她刻意美化汉奸，侮辱国民党军队。

任何解释在此刻都显得苍白无力，在1990年的金马奖盛典上，《滚滚红尘》最终收获了八项大奖，却唯独不包括"最佳编剧"奖。上台领奖的投资人徐枫女士不甘心三毛遭受冷遇，她在台上说："如果没有最佳的编剧，亦不可能有最佳的电影。"台下的三毛虽不发一言，却感动落泪。

在当晚的庆功会上，三毛成了最尴尬的一个存在，一句落寞的"你们都获了奖……"也迅速被淹没在了欢呼的人群当中。

唯有看淡，才是对人生最彻底的领悟。编写电影剧本的经历，就像三毛生命中的一个音符，越是想努力弹奏，越是变了音调。笑看风雨，也就成了唯一的选择。

茫茫人海，竟还是自己的来处

那些晕染在素笺上的典雅文字，浸染着红尘情怀，那些带着袅袅茶香的悠然岁月，吟唱着一抹心情。一词清阕，盛满着别样的芳华；一曲歌声，放飞了遥远的思绪。

长久以来，三毛的耳畔萦绕着一曲美妙的歌声，那歌声来自遥远的地方，婉转的腔调带着一抹异域的风情。她循着歌声千里追寻，直到眼前的画面变得辽阔，那模糊的歌声才终于渐渐清晰。

她来到了大陆西北辽阔的疆域，充满异域风情的新疆乌鲁木齐。她循着歌声而来，再美的景色也无法入眼，那歌声仿佛在讲述着一场美丽的相逢。直觉告诉她，歌声的背后一定有一段动人的爱情故事。于是，浪漫的血液再次沸腾，她要找到写歌的人，听一听他亲口讲述在那遥远的地方，究竟发生了怎样一段浪漫的爱情。

牵引着三毛灵魂的那首歌，就叫作《在那遥远的地方》。从各种有关新闻报道中，她已经知道这首歌的词曲作者名叫王洛宾，创作这首歌时，他还是一名二十几岁的小伙子。不过，在三毛听到这首歌时，他已经成了一名七十多岁的耄耋老人。

歌曲的背后的确有一段浪漫的邂逅。1938年，王洛宾随同纪录片《民族万岁》剧组来到了美丽的青海湖畔，在那里认识了一名名叫卓玛的藏族千户的女儿。在青海的三天时间里，卓玛的活泼与热情深深地打动着王洛宾。卓玛曾经带着王洛宾共骑一马，当她轻轻挥舞手中的马鞭时，王洛宾就能感受到那马鞭细微的力道也会轻轻地抽打在自己身上。

可惜这段浪漫的爱情还没来得及开始就已经结束。三天的拍摄时间结束，王洛宾必须跟随剧组离开，他与卓玛也不得不就此分别。离开青海的一路上，王洛宾怅然若失，卓玛的音容笑貌一直回荡在眼前，一个带着民歌曲调的旋律在王洛宾的脑海中不停地回荡。

他就在路上写下了这首送给卓玛的情歌。因为歌词中的真挚情感和歌曲背后的爱情故事，《在那遥远的地方》也成为不朽的传世之作。

人生就像是一曲浪漫的歌，细细聆听，便懂得了其中的沉静与真谛。歌曲是王洛宾的生命，他的一生坎坷波折，曾经两次入狱，第一次是在中华人民共和国成立前，被以"共产党嫌疑犯"的身份投入狱中，三年后才被释放；第二次入狱是在1960年，因为写了一首名叫《萨拉姆毛主席》的歌，被人诬陷谐音是"杀了毛主席"，再次入狱，这一次在狱中一待就是十五年。

即使在狱中，他也从未中断对音乐的热爱。在监狱的十八年里，他创作了六十三首作品，因为实在热爱西北的民歌，他便在大西北扎下了根。

王洛宾的传奇经历深深地打动了三毛，歌曲与文学都是艺术，她迫切地想要知道这两种文学形式是否能够完美地交融。

于是，三毛专门抽出一天时间登门拜访王洛宾。王洛宾并不认识三毛，只是隐约听说过她的名字，印象中是一位来自台湾的女作家。他甚至从没有看过三毛的书，也并不知道三毛的大名已经轰动了整个中国文坛。

他只是礼貌性地接待了三毛，与她友好地交谈，交谈结束之后，三毛回到了下榻的宾馆。出于礼貌，王洛宾觉得还是应该为三毛送行，于是，他来到三毛下榻的宾馆前台，直截了当地说自己来拜访三毛。

三毛原本不想惊动任何人，在宾馆登记时也使用的是本名"陈平"，王洛宾的到来让三毛的身份再也无法掩饰。一听说这位知名的女作家住在自家的宾馆，所有的工作人员纷纷奔走相告，不一会儿，三毛的面前就挤满了人。他们的手里都捧着自己的书，希望能得到三毛的签名。

直到这一刻，王洛宾才知道三毛在读者中的影响力，可惜的是，三毛被层层叠叠的人群围住，即使想和她交谈两句也不容易。三毛一脸抱歉地与王洛宾改约下次见面，她把下次见面的时间定在了9月，并且特意叮嘱一句，见面之前的这段时间，一定要保持通信联络。

无论见与不见，牵挂的人就在那里，思念一旦形成，便久久挥之不去。虽然只是短暂相逢，三毛却被王洛宾身上散发出来的厚重与沧桑深深吸引。他的眼神中充满了故事，脸上的每一道皱纹都是岁月的见证。

在三毛眼中王洛宾不是一个普通的耄耋老者，他更像是一位一身豪气的侠客，却又有着诗人般的浪漫与不羁。一眼过后，再难忘怀。三毛把有关王洛宾的一切都装进了心里，带回了台湾。她感觉，回到台湾的只是自己的身体，她的灵魂已经留在了王洛宾的身边。

一回到台湾，三毛就迫不及待地给王洛宾写信，仿佛生怕中断了两人之间的联系。他们之间的信件频繁往来，即便是说一些生活中的琐事，也足以慰藉两颗孤单已久的心灵。

在信件的字里行间，一种模糊的暧昧情愫渐渐滋生，不过谁也不敢轻易挑明。三毛甚至隐隐期待两个人可以发生一些故事，可是在现实与爱情之间，王洛宾似乎表现得更加理智。

两个人之间有三十岁的年龄差距，王洛宾在一封信中把自己比喻成"萧伯纳的那柄破旧的雨伞，早已失去了伞的作用，他出门带着它，只能当作拐杖用"。

三毛一下子就看出王洛宾是在刻意回避两人之间的情感，她再也按捺不住，再一次来到乌鲁木齐。这一次她打定了主意，无论王洛宾是否愿意，她都要陪伴在他的身旁。

临行前，三毛把飞机降落在乌鲁木齐的时间告诉了王洛宾。她期待他能出现在机场，以一种最浪漫的方式迎接她的到来。

可是当时王洛宾正在配合一部纪录片的拍摄，他日常生活和创作的点滴都会被记录在镜头中，其中也包括他和三毛的来往。在没有征得三毛同意的情况下，整个摄制组都跟随王洛宾来到了机场。三毛一走出飞机，看见的不是一个灿烂的微笑和热烈的拥抱，而是闪得让人眼花的镁光灯和一拥而上的人群。

现实与想象的巨大落差让三毛失望透顶，她气愤地转身走回机舱，不愿意让自己的私生活赤裸裸地暴露在公众的视线里。

王洛宾看出了三毛的不快，也觉得自己的行为有些不妥。他只好阻止工作人员，自己单独走进机舱，向三毛解释大家并没有恶意，纪录片的拍摄人员觉得三毛的到来可以为纪录片增光添彩，即便不为这些，大家也是真心欢迎三毛的到来。

王洛宾的诚恳道歉让三毛心软，她的脸上终于又挂上微笑，愉快地接下了他手中的鲜花，跟随他走出了机舱。

三毛知道王洛宾与卓玛的那次短暂邂逅，还专门为他穿上一身藏族服饰，将头发挽在脑后,像一名居家的妇人一样甘心陪在他的身边。

对三毛来讲,浪漫就流淌在生活的点点滴滴当中。她把一切想象得太过美好,可现实却一如既往的残酷。

为了拍摄纪录片,王洛宾常常需要三毛配合,为了让镜头完美,常常一遍又一遍地重复拍摄。起初三毛还愿意配合,可次数多了,她的脸上明显带着不高兴的表情。她最讨厌自己的生活被别人摆布,那只会让她觉得自己像一个木偶。

虽然与王洛宾在一起的时光里也曾留下欢乐的点滴,可是相处过后,三毛终于认清,原来他们并不是一类人,勉强在一起,也许只能相互伤害。如果让这段感情悬崖勒马,还能保留住对彼此的尊重。

于是她毅然地选择了离开,当再次收到王洛宾言辞恳切的信时,三毛撒了谎,她说自己和一名英国人订了婚,叫他不必再等。各自安好,便是对彼此最大的安慰。

放弃也是一种选择,有些人只能惦念,有些事不能说破。那些无法言说的情怀,只能自己去体会,沉默到淡然,也是一种洒脱。

像风一样离去,追寻幸福的皈依

从离别的那一刻开始,曾经被幸福装满的心,就变得如同大海般空寂。因为心无所依,才想淡淡地离去,从容走遍万水千山,漂泊在城市中,沉沦在岁月里。

三毛曾说:"我的一生,到处都走遍了,大陆也去过了,该做的事都做了,我已没什么路好走了。"

也许正因为该走的路都走过了,她才最终选择了像风一样离去,与这个世界挥手作别,皈依到另一个没有痛苦的世界。

在1990年末的一次采访中,三毛告诉记者,自己打算一口气游遍整个中国,然后再开始走世界。凭着字面上的意思,没有任何人听出三毛所说的"世界",其实并不在我们认知的范围里。

一天晚上,三毛和几位朋友一同走在路上,忽然遇见了一座灵堂,三毛突发奇想地让同来的舞台设计师朋友为她设计一场葬礼。她说:"我已经拥有异常丰富的人生,要学三岛由纪夫的死亡方式。"

1991年的元旦,距离三毛母亲的生日还有一个月,她却突然送给母亲一张生日贺卡,上面写着:"亲爱的姆妈,千言万语,说不出对你永生永世的感情。"母亲不明白三毛为什么提前送自己生日贺卡,三毛却只淡淡地说道:"再晚就来不及了。"

三毛的言语和行为一向古怪,母亲只当她是又发了神经,却并未想到,女儿口中说出的,竟然是与这个世界诀别之前的谶言。

此刻的三毛,就仿佛沾在荼蘼花瓣上的一颗露珠,注定无法与阳光明媚的世界热烈相拥。当晨曦的光照耀在花瓣上,这颗露珠要么沿着花瓣潸然而下,掩埋在土地深处,要么朝着阳光的方向缓缓升腾,在它炽热的温度中烟消云散。

送给母亲生日贺卡的第二天,三毛再一次住进了医院。她自幼体弱多病,去医院就医仿佛就像家常便饭一般平常。这一次她患上的是子宫内膜异位肥厚,当年正是这个病让她的下身经常流血不止。虽然经过中医的治疗没有再复发,可是依然需要通过一次小型手术才能彻底治愈。

这是一场再平常不过的小手术,短暂地住院休养几天就可以出院。三毛对这次即将接受的手术丝毫不感到紧张,她的内心从未像现在这样平静。因为不希望被打扰,三毛被安排进了一间单独的病房,有单独的卧室和卫生间,正好适合手术之后静养。

三毛坐在病床上,眼前仿佛可以看见一道绚烂的微光,这光晃得她眯起了眼睛。当眼睛再次张开,她惊讶地发现许多小孩子在自己的身旁跳来跳去,有的竟然还有翅膀,可以在半空中自由自在地飞翔。

三毛赶快把自己看到的场景告诉母亲,母亲顺着三毛手指的方向看去,却什么也没有看到。她太了解自己的女儿,脑袋里总是天马行空地编织着各种各样的幻想,有些幻想编织得太过真实,连她自己也分不清。

母亲认为,女儿一定是又沉浸在了想象的世界,她只是笑了笑,既没有惊讶,也没有戳破女儿的异想天开。

住院的第二天就是三毛手术的日子,这是一场十分平常的小型手术,手术过程十分顺利,只需要配合适当的药物治疗,两三天后三毛就可以出院。

因为三毛还在麻醉药的作用下沉睡,母亲便一直在她窗边守候。也许是因为手术过程中会流一些血,三毛的脸色有些苍白。母亲虽然明知道手术十分顺利,可看着女儿受苦的样子依然十分心疼。

过了一会儿,三毛终于幽幽醒转,她第一眼看到的就是一直守护在旁边的母亲。因为连日的担心与操劳,母亲苍老的容颜显得更加憔悴。女儿何尝不是同样心疼母亲,为了安慰母亲,三毛勉强挤出了一个微笑。

她希望母亲可以回家休息,却知道母亲一定不肯。于是,她撒了一个善意的谎言,说一会儿要见一位心理医生,还特意让母亲帮自己梳洗打扮一番,又吃了一些东西。

看到三毛的脸上渐渐恢复了一些血色,母亲才放心地离开。三毛一个人躺在病床上,麻醉药的作用渐渐失效,她能清楚感到从刀口处传来的痛,那是一种抽搐般的疼痛,仿佛所有的神经都集中在一处猛烈地跳动。三毛默默地忍着,眼眶中盛满了一汪眼泪。

她多希望此刻荷西就在身边,如果他还活着,一定不会忍心让自己独自受苦，他一定会用深情的眼神注视着自己，口中温柔地唤她"Echo"，轻轻地安慰着她："不要怕，还有我。"

三毛可以明显感到，自己的一颗心已经陪同荷西留在了千里之外的大迦纳利群岛，长眠在了地下。地底滚烫的岩浆早已经窒息了她的心跳，在时光中憔悴成了一颗心脏形状的化石。

她就这样一个人在病床上静静地躺了三个小时，按照她对母亲撒的谎，与心理医生的"谈话"应该已经结束。三毛看了看时间，拿起了电话，拨通了父母家里的号码，向他们道一声平安。

三毛正在电话中语气平和地向母亲讲述着自己的状况，却看到病房的窗户被轻轻地从外面推开，一群带着翅膀的胖乎乎的小孩子从窗外飞进来，依然像上次一样，有的在三毛床边蹦蹦跳跳，有的在半空中飞来飞去，还有的调皮地朝她做着鬼脸。

三毛在电话中的声音明显变了腔调，她语无伦次地告诉母亲，那些小孩子又来了。这些话语在母亲听来并不真切，仿佛三毛在迷迷糊糊地说着梦话，母亲只好安慰她不要怕，那是小天使来保护她了。

母亲的安慰并没有让三毛心安，可她知道，无论怎么说，母亲都无法理解她此刻的感受，她只好在电话旁凄惨地笑了一下，然后轻轻地挂断了电话。

那些小孩子并没有消失，甚至越来越多，还在她的床边列队走来走去，嘴里唱着军歌。三毛忽然又看到病房的门被缓缓推开，一张再熟悉不过的英俊脸庞出现在了门口。三毛不用仔细看就知道那是荷西，除了他，没有任何人能有这样一双深情的眼眸。

荷西还保留着十二年前的容貌，是啊，他的生命停止在了三十岁，他的容颜再也不会变老。也只有这样，三毛才能一眼认出他，不用担心岁月的流逝改变了这张熟悉的脸庞。

她迫不及待地张开双臂，朝荷西跑去，可是跑到近前才发现，那里空无一人，原来一切只是幻觉。她是那样渴望荷西的拥抱，然而天人两隔却让这个拥抱永远都不可能实现。

三毛残存的最后一丝理智终于在巨大的痛苦面前撕裂，她再一次拿起电话打给母亲，说她想自杀。这么多年来，母亲已经听了太多次这样的话，她觉得三毛又犯傻了，只能在电话中温柔地安慰她，觉得她的情绪平静下来之后才挂断电话。

三毛没有多做解释，挂断电话之后，她艰难地走到浴室。腹部的伤口还在剧烈地疼着，每走一步都会拉扯着用线缝起来的皮肉。可她依然走得那样坚决，因为她觉得自己是在走向解脱。

她在浴缸中放满了水，慢慢地坐了进去。水的温度像极了荷西温暖的怀抱，她要让自己洁净地离开这个世界。

洗过澡，三毛换上了自己最喜欢的那套白底红花睡衣，又找出一条咖啡色的尼龙长袜，挽成了一个环，系在了浴室里用来挂点滴的钩子上。做这一切时，她的眼神充满了平静，甚至带着一丝隐约的欢快和渴望。

把丝袜挂好之后，三毛默默地把头放了进去，没有和这个世界说一句再见，就悄悄地离开了。

直到第二天一早，清洁女工打扫房间的时候，才发现在浴室中自缢身亡的三毛。她的双眼还微微睁着，可是却已经离开了很久。

警察经过对尸体的检查，判断三毛是在1月4日凌晨自杀身亡。那一天是黑色星期五，也是传说中耶稣死去的日子。没有人知道三毛为什么以如此惨烈的方式结束自己的生命，直到如今，三毛的死，依然为世人留下了一个似乎永远都无法破解的谜团。

三毛带着一颗伤痕累累的心，彻底地背叛了自己的生命，让自己的灵魂随着风雨消散，让自己的躯壳淡入尘土，也许，这才是最好的解脱。

梦里花落知多少

她的花落了，落得那样干脆，那样无声。别人都在精心呵护着自己的花期，想方设法地为它挡风遮雨，却只有三毛催促着自己的花期走向凋亡。

没有人不为三毛的死感到震惊，她的父母更是沉浸在巨大的惊讶与悲伤之中，久久不能自拔。

三毛曾说自己已经拥有了异常丰富的人生，也曾成为别人眼中守望的风景。她生命中的美丽，如同扬花般在一瞬间飞舞，终究却又无奈地黯然飘落，埋葬在流光的幻影当中。

三毛生前住过的最后一间公寓，被她的父母精心布置成了纪念馆。母亲知道三毛生前最不喜欢奢华的服饰，于是为她换上了她生前最喜欢的一件衣服，又仔细地在上面缀上她最喜欢的康乃馨。

一口漂亮的棺材承载着三毛最后的灵魂。她喜欢火葬，因为这样可以走得干净。母亲将她的骨灰安置在阳明山第一公墓的灵塔上，这里成为三毛最后的归宿，也成为这个最心爱的女儿留给父母的最后念想。

身为知名女作家，三毛的死震惊了台湾和香港的文坛和媒体。一时间，各大报纸的头条都刊登着三毛的死讯和生前的作品，还有她身着一袭白衣行走在沙漠中的淡然模样。

好友琼瑶在报纸上为三毛写下讣闻：

说是了解你的，了解有多深？说是你的知交，相知有多少？说你不快乐，到底快乐是什么？

三毛在生前除了创作大量的文学作品，还曾经翻译过三部外国文学作品，这三部作品全部出自美国神父丁松青的手笔，分别是《兰屿之歌》《清泉故事》《刹那时光》。两人因文字结缘，成了很好的朋友，这三本翻译作品的销量也非常好，三毛同样收到了一笔数额不小的稿费。但这些钱三毛没有留下分文，全部捐献给了台湾台东圣母医院。她说：

我从来没有妄想在书本里求功名，以至于看起书来，更是如鱼得水，"游于艺"是最高的境界，在那儿，我的确得到了想象不出的愉快时光，至于顿悟和启示，那都是混在念书的欢乐里一起来的，没有丝毫强求。

这让丁松青对三毛更加敬佩，他欣赏三毛在工作时一丝不苟的态度，更欣赏她有一颗安静而又纯净的心。三毛的死也让丁松青无比伤怀，他在讣文中写道：

每次她离开，我总会忍不住落泪。上回她离开的时候，曾戏称清泉是 River of noreturn（不归泉），含泪说她永远不回来了。也许她不适宜活在这个世界吧！现在她可以在九泉之下和她挚爱的亡夫重遇了。但愿她能得到她一生祈求的满足与快乐。

也许对于三毛来说，死亡是对灵魂的一种放逐，心中的尘埃可以在风中洗净，让灵魂去流浪，才是她永生永世都无法改变的乡愁。就像她自己说的那样："我是一个像空气一样自由的人，妨碍我心灵自由的时候，绝不妥协。"因此，知名作家倪匡曾这样评价三毛的自杀：

三毛的自杀，与肉身的病痛无关，最大的可能是来自心灵深处的空虚寂寞。三毛一直有自杀的倾向。三毛是一个戏剧性很强、悲剧性很浓的人物，三毛是因失去爱与被爱的力量才离开人世的。她对生命的看法与常人不同，她相信生命有肉体和死后有灵魂两种形式。她自己理智地选择追求第二阶段的生命形式，我们应尊重她的选择，不用太悲哀。三毛选择自杀，一定有她的道理。

如同繁花落尽，三毛的灵魂终于与这个世界干干净净地作别。她留下的文学作品继续影响着留下来的人。喜欢三毛的人，更是将她的文字归纳整理，按照不同时期进行了分类。

一本《撒哈拉的故事》，让三毛正式走入了读者的视线，人们也将她在沙漠中创作的文字统称为"沙漠文学"。

紧随其后，她又出版了一本名叫《稻草人手记》的作品集，她在这本集子中化身成一个稻草人，眼睛可以看，嘴巴可以说，双脚却不能走，身体里也没有内脏。不过，"稻草人"的口吻依然轻松幽默，这本集子里娓娓讲述了《亲爱的婆婆大人》《这样的人生》《江洋大盗》《士为知己者死》《警告逃妻》《这种家庭生活》等故事。虽然没有所谓的文学深度，但三毛依然是读者心目中那个生活在沙漠中的快乐主妇。

三毛身上的全部快乐因子似乎都是沙漠赋予的，当离开沙漠迁往海岛，她的文字中明显带有了难以抹去的忧郁。《温柔的夜》是三毛回国之前创作的最后一部作品集，其中收录的《寂地》《五月花》《玛黛拉游记》《温柔的夜》《石头记》《相逢何必曾相识》《永远的马利亚》等文。虽然已经有了所谓的深意，却也让人清楚地感到她的快乐正在一点一点减少。

荷西的死，带走了三毛全部的快乐，似乎她觉得连活在这个世界上都没有了任何意义。她黯然地离开了沙漠，走回都市，这一时期的作品，也就被人们称为"都市文学"。

《梦里花落知多少》中,处处可见荷西的死为三毛带来的彻骨疼痛。每一个文字都凝结着她无法消解的哀伤,似乎只有放任脚步流浪,才能让这挥之不去的伤痛缓解一些。

于是,《万水千山走遍》记录了三毛在荷西死后的全部行程。虽然伤痛并未消失,却可以看出她的内心已经重回平静。

之后,她用最平静的方式离开了这个世界,让灵魂飘向自由的国度。她的一生活得就像一个剧本,似乎也只有《滚滚红尘》中的歌词,可以成为对三毛最好的祭奠:

> 起初不经意的你,
> 和少年不经事的我,
> 红尘中的情缘,
> 只因那生命匆匆不语的胶着。
>
> 想是人世间的错,
> 或前世流传的因果,
> 终生的所有,
> 也不惜获取刹那阴阳的交流。
>
> 来易来去难去,
> 数十载的人世游,
> 分易分聚难聚,
> 爱与恨的千古愁!
> ……

后　记

　　有多少人把三毛的文字当成一种不灭的情怀？有多少人学着像三毛一样，过着浪漫而又缥缈的人生？有人不喜欢三毛太过随性，喜怒哀乐变幻无常；也有人欣赏三毛的不羁，走遍万水千山，从不留恋任何地方。

　　她的心中只有一个故乡，名叫"远方"，到达故乡的方式，唯有让脚步去流浪。她用笔下的文字铺就了一条流浪的旅程，然后向着那个让灵魂自由的国度，无怨无悔地前行。哪怕路上的荆棘割破了她的衣衫，也从未停下流浪的脚步。

　　人生何尝不是镜花水月的幻影，多少悲欢离合，多少富贵荣华，看似唾手可得，却如水中的月亮般一触即碎。三毛仿佛看透了人世间的悲喜，卸下一身繁华，偏偏向往那片沙漠中最朴素不过的流沙。

　　如果用一个字去形容三毛的一生，那一定是"爱"。她是这世间最有勇气去爱的女子，因为爱荷西，她可以与他在最艰苦的环境中朝夕相守；因为爱父母，当失去最心爱的丈夫，她愿意忍痛独留人世之间；因为爱流浪，她可以背上简单的行囊走向远方……

　　可是她唯独不爱自己，人世间的一切都是束缚住她灵魂的枷锁。她始终都在期盼着一场解脱，能解脱她的人，却唯有她自己。

　　懂她的人，爱她对自由灵魂的追求；不懂她的人，认为她的思维与常人格格不入。也许她是这世间最饱受争议的一名女作家，有人爱极了她的文字，却不认同她的生活。不过，世人的评价只能让三毛淡然一笑，她本就是自己，又何须外人去评说？

其实，每个人的心中都有一个三毛。她在每个人的心目中呈现出不同的面貌，说着不同的话，做着不同的事，唯独不变的是时刻激发着人们对自由的渴望。那是一个只有拨开眼前层层迷障，才能找寻到的辽阔世界。

因此，人们才愿意阅读有关三毛的文字，通过她的人生，去了解她的灵魂。陪伴她写下不尽的相思苦闷，陪伴她走完那段孤单漫长的人生旅程。

三毛年谱

1943年,一岁。3月26日,三毛出生于重庆,祖籍浙江。取名为陈懋平。父陈嗣庆,母缪进兰。

1946年,三岁。因觉"懋"字太难写,自己改名为陈平。

1948年,五岁。随父母迁居台湾,入台北国民小学读书。

1954年,十一岁。入台北省立女子中学学习。

1955年,十二岁。因在学校数学成绩不好,遭老师涂墨汁侮辱,受到打击,开始逃学,后休学在家。

1956年,十三岁。正式从学校退学,开始练习写作、音乐、绘画等。一度切腕自杀,后获救。

1962年,十九岁。以"陈平"名义发表第一篇作品《惑》。

1964年,二十一岁。得到中国文化大学创办人张其昀先生的特许,到该校哲学系当旁听生,课业成绩优异。

1967年,二十四岁。再次休学,只身远赴西班牙。在三年之间,前后就读于西班牙马德里大学、德国歌德书院。在美国伊利诺斯大学法学图书馆工作,对她的人生经验和文学进修上有很大助益。同时,在西班牙期间认识一生挚爱荷西。

1971年，二十八岁。返回台湾，受张其昀之邀在中国文化大学德文系、哲学系任教。

1972年，二十九岁。与一位德国男子相恋并订婚。但结婚前夕，未婚夫因心脏病突发猝死。冬，再赴西班牙，重遇荷西。

1973年，三十岁。与荷西一同迁居撒哈拉沙漠。7月，在西属撒哈拉小镇阿雍结婚。

1974年，三十一岁。10月6日，以"三毛"为笔名，在《联合报》发表《中国饭店》。

1976年，三十三岁。三毛与荷西移居大迦纳利岛。5月，由皇冠出版社出版《撒哈拉的故事》。7月，由皇冠出版社出版《雨季不再来》。

1977年，三十四岁。6月，由皇冠出版社出版《稻草人手记》。8月，由皇冠出版社出版《哭泣的骆驼》。

1979年，三十六岁。2月，由皇冠出版社出版《温柔的夜》。随荷西到拉芭玛岛生活。9月30日，荷西潜水作业时意外丧生。同年，三毛随父母回到台湾。

1980年，三十七岁。重返西班牙和大迦纳利岛，开始一个人生活。

1981年，三十八岁。三毛回到台湾定居。8月，由皇冠出版社出版《梦里花落知多少》。11月，开始中南美洲之行。

1982年，三十九岁。10月，返回台湾，任教于中国文化大学中文系。5月，由联合报社出版三毛首部游记《万水千山走遍》。

1983年，四十岁。7月，由皇冠出版社出版《送你一匹马》。

1985年，四十二岁。3月，由皇冠出版社出版《倾城》。

1986年，四十三岁。10月，三毛正式回台湾定居，并被台湾多家报刊评为最受读者喜爱的作家。

1987年，四十四岁。7月，由皇冠出版社出版《我的宝贝》。

1988年,四十五岁。6月12日,首次给《三毛流浪记》作者张乐平先生写信。

1989年,四十六岁。4月,回大陆探亲,并专程拜访张乐平先生,称张先生为"爸爸"。同年开始创作电影剧本《滚滚红尘》。

1990年,四十七岁。4月,三毛在新疆等地旅行,并与著名音乐家王洛宾先生结下深厚友谊。同年,《滚滚红尘》获金马奖八项大奖,但唯独没有"最佳编剧"奖。12月,《滚滚红尘》由皇冠出版社出版,这是三毛第一部中文剧本,也是其最后一部作品。

1991年,四十八岁。1月2日,因子宫内膜肥厚入院检查治疗。1月3日,进行手术。1月4日凌晨,在医院以丝袜自缢身亡,享年四十八岁。

常青藤社科馆

责任编辑：傅晓红

封面设计：三形三色
QQ：2278149987

发行热线：010-57354635　　010-57722527

说是了解你的，了解有多深？说是你的知交，相知有多少？说你不快乐，到底快乐是什么？
——琼瑶

轻轻结束了孤寂，连串着一生传奇。你就像蒲公英的哭泣。
——眭澔平

你过一生，抵得上别人的好几世。生命的意义，或许你的诠释比较美丽。
——廖辉英

我被她的气韵所吸引。她那柔软多情的声音，她对情感的纤细和敏感，她不惜一切地追求她向往的爱情……虽然我们见面不超过十次，但是每次她都能带给我强烈的感受。
——林青霞

上架建议：畅销·传记

定价：42.00元